MW00438991

# VOTOS de AMOR

# VOTOS de AMOR

### LOS HECHOS REALES QUE INSPIRARON LA PELÍCULA

por
### KIM y KRICKITT
# CARPENTER
### con DANA WILKERSON

B&H
Español
Nashville, Tennessee

Votos de amor
Copyright © 2012 por Kim y Krickitt Carpenter
Todos los derechos reservados
Derechos internacionales registrados

Publicado por B&H Publishing Group,
Nashville, Tennessee 37234

Publicado originalmente en inglés por B&H Publishing Group
con el título *The Vow* © 2012 por Kim y Krickitt Carpenter

Ningún fragmento de este libro podrá ser reproducido
de manera alguna sin permiso escrito de
B&H Publishing Group, excepto en el caso de
breves citas en artículos de crítica o en resúmenes.

Las citas bíblicas están tomadas de
La Nueva Versión Internaciónal (NVI)
© 1999 por la Sociedad Bíblica Internacional.

ISBN 978-1-4336-7895-0

Clasificación Decimal Dewey: 616
Tema: Biografía

Traducción al español: Gabriela De Francesco de Colacilli

Diseño interior: *A&W Publishing Electronic Services*

Impreso en EE.UU.

1 2 3 4 5 6 - 16 15 14 13 12

# DEDICATORIA

Por llenar nuestras vidas de amor y apoyo, damos gracias a nuestras familias. Sin nuestros padres, hermanos, suegros, cuñados e hijos, nuestro impulso para seguir adelante se habría debilitado en gran manera. Estamos eternamente agradecidos a nuestros amigos, quienes nos cubrieron, nos apoyaron y nos amaron en forma incondicional. A nuestros hijos Danny y LeeAnn: qué bendición es tener hijos tan maravillosos. Siempre recuerden hacer lo correcto, den lo mejor de ustedes mismos, y sepan que sus padres siempre los amarán y estarán para lo que necesiten. A nuestro Señor Jesucristo: sigues protegiéndonos, otorgándonos tu gracia y bendiciéndonos con paz. Jamás nos diste la espalda, ni siquiera cuando pecamos. No hay palabras para describir tu sacrificio por nosotros. Gracias a eso, tenemos vida eterna y nuestro amor no terminará jamás.

# ÍNDICE

# PRÓLOGO

—Krickitt —comenzó el terapeuta con una voz reconfortante—. ¿Sabes adónde estás?

Krickitt pensó un momento antes de responder.

—Phoenix.

—Así es, Krickitt. ¿Sabes qué año es?

—1965.

*Nació en 1969*, pensé al borde del pánico. *Bueno, un pequeño contratiempo, nada para preocuparse*, intenté convencerme.

—¿Quién es el presidente, Krickitt?

—Nixon.

*Bueno, ese era el presidente cuando nació*, justifiqué.

—Krickitt, ¿cómo se llama tu madre? —siguió el terapeuta.

—Mary —contestó sin vacilación… ni expresión alguna.

*Ahora estamos avanzando. ¡Gracias, Dios!*

—Excelente, Krickitt. ¿Y cómo se llama tu padre?

—Gus.

—Así es. Muy bien. —Hizo una pausa antes de continuar—. Krickitt, ¿quién es tu esposo?

Krickitt me miró con ojos inexpresivos. Volvió la mirada al terapeuta sin contestar.

—Krickitt, ¿quién es tu esposo?

Sus ojos volvieron a posarse en mí, y luego en el médico. Estaba seguro de que todos podían escuchar los fuertes latidos de mi corazón mientras esperaba en silencio y con desesperación la respuesta de mi esposa.

—No estoy casada.

*¡No! ¡Por favor, Dios!*

El terapeuta intentó otra vez.

—Krickitt, sí estás casada. ¿Quién es tu esposo?

Arrugó la frente.

—¿Todd? —preguntó.

*¿Su antiguo novio de California? ¡Ayúdala a recordar, Señor!*

—Krickitt, piensa por favor. ¿Quién es tu esposo?

—Ya le dije. No estoy casada.

# 1 TODA HISTORIA TIENE UN COMIENZO

«Buenos días, y gracias por llamar a la tienda de deportes *Jammin*. Habla Krickitt».

Cuando llamé a *Jammin* esa mañana otoñal de 1992, esperaba que me atendiera un representante con voz de aburrido, alguien que preferiría pasar la mañana haciendo cualquier cosa menos atender el teléfono. Por eso, mi sorpresa. Cuando Krickitt dijo: «Buenos días», me pareció que era en serio. Hasta sonaba como un grillito,[1] tan alegre y llena de vida.

---

[1] Nota de la traductora: En inglés, el nombre «Krickitt» suena igual que la palabra para «grillo», *cricket*.

«Hola, Krickitt», le respondí. «Soy el entrenador Kim Carpenter, de la universidad *New Mexico Highlands*. Llamo por las chaquetas para entrenadores de béisbol de su catálogo».

Siempre me gusto el béisbol, desde que era niño. Quería ser como mi papá, así que, cuando conseguí mi primer trabajo como entrenador de los *Highlands Cowboys* en Las Vegas, Nuevo México, para mí fue un sueño hecho realidad. Pero incluso los sueños tienen sus momentos prosaicos; así que, allí estaba, encargando chaquetas para mis asistentes y para mí.

Esa primera conversación con Krickitt no tuvo nada de sensacional, pero mientras hablábamos de precios y colores, me interesó cada vez más esta vendedora telefónica con un nombre tan particular. Fue tan agradable su actitud amistosa y servicial, que no pude evitar sentir que mi día había mejorado al hablar con ella.

Nuestra conversación terminó, pero no podía dejar de pensar en esa chica llamada Krickitt. Su voz y su personalidad tenían algo especial que no podía terminar de explicar. Me di cuenta de que no se trataba de un trabajo para ella, sino más bien, una misión… como si hubiese decidido ser la persona más amigable y atenta con que sus clientes hablaran todos los días. Si así era el caso, para mí, había tenido un éxito total.

Unos días después, decidí volver a llamar para preguntar

por el pedido. «Buenos días, y gracias por llamar a la tienda de deportes *Jammin*. Habla Keri». Mmm... Keri. No era la voz que quería escuchar. Rápidamente, tuve que aceptar que estaba llamando por una razón ajena a las chaquetas. Keri parecía ser una mujer agradable, pero yo quería hablar con Krickitt. Tenía que lograrlo, así que, pensé con rapidez.

—Hola Keri, quisiera hablar con Krickitt por un pedido que hice.

—Un momento. —El corazón me latía con fuerza mientras esperaba.

—Hola, habla Krickitt. ¿En qué puedo ayudarlo?

—Hola, Krickitt. Habla el entrenador Carpenter, de la universidad *Highlands*. Hace unos días, llamé por unas chaquetas.

Mientras Krickitt buscaba mi información, tuve unos segundos para pensar. ¿Qué tenía esta chica que me hacía sentir como si fuera un adolescente nervioso y enfermo de amor? Era simplemente una representante de ventas que hacía su trabajo; y estaba en California, *no* en Nuevo México, donde yo me encontraba. Dejé de lado esos pensamientos mientras le pedía unas muestras de color antes de terminar la conversación.

Cuando llegaron las muestras, las distribuí sobre la mesa. Mis pensamientos comenzaron a tomar rumbos inesperados. *¿Habrá elegido estos colores personalmente? ¿Habrá tenido estas* *muestras en sus manos? ¡Un momento! ¡Calma!* No comprendía qué me estaba sucediendo, ni *por qué*. ¡Después de todo, era un hombre adulto!

Ahuyenté esos pensamientos, pero cuando volví a llamar para encargar una chaqueta violeta y gris, estaba ansioso por hablar con cierta representante de ventas. «Buenos días, y gracias por llamar a la tienda de deportes *Jammin*. Habla Krickitt». ¡Grandioso!

—Hola, Krickitt, habla el entrenador Carpenter. Yo…

—¡Entrenador Carpenter! —interrumpió con un tono entusiasmado que me sorprendió, ya que sabía que solo le iba a encargar la increíble suma de una sola chaqueta—. ¡Qué bueno que haya llamado!

Me pregunté por qué le parecería tan «bueno». ¿Sería por la posibilidad de otra venta o porque era yo? Intenté determinar si percibía algo más que una cordialidad profesional en esa voz que no podía quitarme de la cabeza.

Como cabía esperar, encargué la chaqueta. Luego, pedí otra de un estilo diferente. Cuando llegó, al personal le gustó tanto que todos los entrenadores del equipo quisieron una; así que, encargué más.

Habían transcurrido unos meses desde la primera conversación con mi vendedora favorita, y ahora pasábamos mucho más tiempo charlando que haciendo negocios. Una vez, antes de despedirse, Krickitt mencionó que no trabajaría el día que yo planeaba llamar para verificar el pedido, así que, me dio el número de teléfono de su casa.

A partir de entonces, comencé a llamar a Krickitt a su departamento. Pronto dejamos de fingir que nuestras conversaciones giraban en torno a la indumentaria deportiva y comenzamos a conocernos más. A menudo, hablábamos más de una hora. Sin importar cuánto conversáramos, nunca queríamos colgar, incluso cuando mi cuenta telefónica subió vertiginosamente hasta llegar a 500 dólares mensuales. Era la época previa al correo electrónico y los mensajes de texto, y pocos tenían teléfonos celulares. Krickitt y yo estábamos atados a los teléfonos fijos, pero no me importaba ni la inconveniencia ni el gasto. Ella lo valía.

Por fin, descubrí la historia detrás del nombre singular de esta muchacha. Su nombre de pila era Krisxan (que se pronuncia «Kris-Ann»), lo que reflejaba su ascendencia griega. El sobrenombre Krickitt surgió cuando su tía abuela declaró que la pequeña Krisxan, de dos años de edad, no podía quedarse quieta y saltaba constantemente como un grillito.[1]

---

[1] Nota de la traductora: Otra vez, se juega con el nombre de Krickitt, que en inglés suena igual a la palabra para «grillo» (*cricket*).

A nadie le sorprendía que fuera activa y atlética. Su papá solía entrenar un equipo de básquet y otro de béisbol en una escuela secundaria. Su madre era profesora de gimnasia deportiva, y a Krickitt le encantaba esa actividad desde que había tenido edad suficiente para recorrer una barra de equilibrio. Es más, aprendió a hacer un salto mortal hacia atrás antes de saber escribir su nombre.

Pensé que yo era fanático de los deportes, pero Krickitt me superaba ampliamente. Desde el jardín de infantes, practicaba gimnasia todos los días luego de la escuela, en el gimnasio de su mamá, y en verano, le dedicaba cinco horas al día. A los 16 años, se lesionó el manguito rotador del hombro derecho, pero el cirujano ortopédico afirmó que una operación probablemente arruinaría sus posibilidades de obtener una beca universitaria. Así que, se aguantó el dolor, siguió adelante y descolló en los ejercicios de suelo y en la barra de equilibrio. No dejó que un poco de dolor la detuviera.

Como era de esperar, varias universidades con renombrados programas de gimnasia le ofrecieron becas. Al final, escogió la Universidad Estatal de California en Fullerton, que le había ofrecido una beca completa. Ganó diversos premios antes de dejar de competir cuando se lesionó el ligamento cruzado anterior (LCA) durante el último año en la escuela.

Aunque al principio casi siempre hablábamos de deportes, Krickitt no perdió tiempo en llegar a la parte espiritual de nuestra relación. A los pocos meses de nuestra amistad, me escribió: «Me dijiste que puedo preguntarte cualquier cosa, así que, debo ser sincera, Kimmer. Ya sabes que soy cristiana. Ser cristiano significa tener una relación íntima y constante con Jesucristo. Admito que todo este tiempo me he preguntado si también eres creyente… si tomaste la decisión de recibir a Cristo en tu vida por haber pagado el precio de tu pecado y para que te diera la vida eterna que nos prometió».

Su fe era su vida, y sin importar lo que pensara de mí, ella necesitaba tener paz sobre mis convicciones espirituales antes de aventurarse a cualquier clase de relación conmigo. Al hablar de esta parte de nuestras vidas, descubrimos que los dos habíamos conocido a Cristo a la misma edad, pero que, de allí en más, nuestras travesías espirituales habían tomado rumbos diferentes.

A los catorce años, escuché sobre Jesús en la casa de un amigo. Alguien compartió que Cristo había muerto para perdonar mis pecados, y para mí, fue la mejor de las noticias. Estaba tan entusiasmado que no veía la hora de ir a mi casa a contarles a mis padres. Pero cuando comencé a hacerlo, no les gustó nada.

Mis padres eran cristianos nominales, pero creo que jamás habían experimentado lo que yo sentía entonces. Habitualmente, nunca íbamos a misa, aunque la abuela Helen nos llevaba cuando podía. Como familia, no hablábamos de religión. Pero el mensaje de Cristo me tocó. No fue un proceso rápido, pero con el tiempo, llegué a confiar por completo en Jesús y a aceptarlo como Salvador.

Krickitt descubrió a Jesús al leer un librito llamado *Las cuatro leyes espirituales*. Su mensaje la llenó de entusiasmo y curiosidad, y decidió allí mismo que seguiría a Cristo para siempre. Sin embargo, nadie se enteró de que había tomado esa decisión transformadora. En ese momento, ni siquiera sabía lo que implicaría para su vida y para la eternidad. "Ella no le contó a nadie sobre su decisión ni comenzó a participar de una iglesia. En la universidad, empezó a asistir a la Iglesia Evangélica Libre en Fullerton. Allí, las enseñanzas de los pastores Charles Swindoll y Steve McCracken transformaron su vida espiritual.

Durante el verano de 1991, Steve organizó un viaje misionero a Hungría. Como Krickitt acababa de lesionarse la rodilla, tenía tiempo luego de años de entrenar diariamente. Cuando se enteró del viaje, lo consideró una oportunidad que Dios le daba para dedicar todo el tiempo y la energía que siempre le había dado a la gimnasia. Así que, junto con su amiga (y más adelante compañera de habitación) Megan Almquist, aceptó el desafío de ser misionera durante nueve semanas ese verano. Tuvieron la oportunidad increíble de pasar tiempo con personas hambrientas del mensaje de esperanza de Jesús, luego de generaciones de opresión religiosa.

Pensé que yo era bastante fiel, pero cuando vi cómo vivía Krickitt, quedé asombrado. Había incorporado la fe a cada parte de su vida. No era una mera cristiana de domingos; seguir a Cristo era parte de su misma esencia. Eso me fascinó.

Mis conversaciones con Krickitt eran cada vez más largas y profundas. Además, comenzamos a escribirnos cartas. Sucedió lo mismo que con las llamadas telefónicas: al principio, nos enviábamos tarjetas cortas, pero poco después, Krickitt escribía de a diez páginas a la vez. Me imagino la cantidad y la longitud de los correos electrónicos que habríamos intercambiado si hubiésemos tenido la opción.

Como en cualquier relación incipiente, llegó el inevitable momento de intercambiar fotografías de nosotros, y al principio de la primavera de 1993, decidimos dar ese paso. En esa época, no podíamos enviar una foto de manera inmediata y cibernética, sino que había un proceso largo y exasperante de aguardar el correo todos los días. Le envié a Krickitt un folleto de los *Highlands Cowboys* con mi fotografía. Luego, esperé impaciente una foto que le pusiera un rostro a la chica increíble que había llegado a conocer tan bien en los últimos meses. Intenté convencerme de que solo me interesaba su corazón y su espíritu; pero al mismo tiempo, sabía que no estaría mal que fuera hermosa.

Cuando llegó un sobre de Krickitt unos días más tarde, lo abrí con ansiedad y vi por primera vez a una mujer con cabello oscuro, brillantes ojos azules y una fantástica sonrisa. Me pareció bellísima.

Sin embargo, era evidente que había otra persona en la foto, ya que podía ver un brazo alrededor del hombro de Krickitt. ¿A quién había recortado de la foto? ¿Sería su novio? ¿Otro «amigo especial» como yo? Sentí que el corazón se me desplomaba al considerar esa opción. *Calma, hombre*, me reproché. *Estás adelantándote demasiado.*

Me moría de ganas de llamarla para ver si también había recibido mi fotografía, pero estaba nervioso por su respuesta. Esa noche, la llamé. «¡La recibí!», me respondió. No quería preguntarle lo que pensaba, así que, esperé. Continuó diciendo: «¿Y sabes? Pensé: *Este chico hasta es lindo*». Nos reímos. Había temido que la conversación fuera tensa e incómoda, pero gracias a Dios, no lo fue.

Mencioné que había notado una persona recortada de la foto. «Sí», respondió. Una vez más esperé, medio aterrorizado de lo que podría escuchar. «¡Siempre recorto a mis amigas porque son hermosas!»

Ambos sabíamos cuál sería el próximo paso: conocernos en persona. Sería vital para nuestra relación. Después de todo, ¿cómo sabes si hay una verdadera conexión con alguien si no han compartido juntos un tiempo? Así que, en febrero de 1993, Krickitt y yo comenzamos a hablar de la posibilidad de encontrarnos, por más breve que fuera el viaje debido a nuestros horarios de trabajo. Para entonces, hablábamos más de cinco horas a la semana, y supuse que un boleto de avión no costaría mucho más que mis cuentas telefónicas. Así que, le pregunté a Krickitt si le gustaría venir a Las Vegas a ver jugar a mi equipo. Me contestó que no sabía. Antes de decidir, tendría que pensar y orar al respecto.

Y así lo hizo. Años más tarde, cuando Krickitt me permitió leer lo que había escrito en su diario, lo comprobé. Decía: «Señor, necesito que tu sabiduría y tu Espíritu me guíen con Kimmer… Parte de mí quiere conocerlo; creo que sería divertido. Otra parte no, porque no quiero comenzar a sentir algo por él si no está en tus planes. Te pido que me muestres tu voluntad. Necesito que me guíes. Tenemos muchas cosas en común, pero quiero que tú seas el centro».

Con el tiempo, Krickitt me expresó sus inquietudes en una larga carta. En resumidas cuentas, quería asegurarse de que no tuviéramos expectativas irreales sobre la visita. Me dejó en claro que solo éramos amigos en ese momento. Su otra preocupación era que no quería comprometer mi reputación.

Como entrenador y modelo a seguir, tenía mucho para perder si los demás creían que éramos más que amigos.

Después de hablar del tema dos meses, Krickitt decidió visitarme en Nuevo México y vernos cara a cara. Le reservé una habitación en un hotel cerca de mi departamento. Respetaba que se estuviera guardando para su esposo. Comprendí que como yo no lo había hecho, tendría que ser sincero sobre mi pasado, sabiendo que la desilusionaría. Además, sabía lo importante que era este paso y quería asegurarme de que cualquiera que mirara comprendiera que no pasábamos la noche juntos.

Hice el viaje de dos horas hasta Albuquerque para buscarla en el aeropuerto. En esos años previos al atentado a las torres gemelas, no había restricciones sobre quién podía pasar los puntos de control en los aeropuertos, así que, la recibí en la puerta de desembarque. La divisé apenas salió de la pasarela de acceso. Había visto su fotografía, y por eso, sabía qué buscar, pero creo que podría haberla distinguido entre la multitud aun sin conocer su apariencia. Ya sentía que teníamos mucho en común y una amistad maravillosa. Aunque sabía que era sumamente atractiva, cuando por fin la vi en persona, casi no podía creer lo hermosa que era. Luego de todas esas horas al teléfono, por fin estaba frente a la dueña de esa maravillosa voz.

Libres de la preocupación por las astronómicas cuentas de

teléfono, hablamos casi sin parar todo el fin de semana. Esa primera noche, conversamos sobre todo: nuestras infancias, familias, trabajos, el amor al deporte, nuestros amigos y nuestra increíble amistad a larga distancia. Pero más que nada, hablamos de nuestra fe. Sabía que era mucho más madura en su fe que yo, pero pronto descubrí que no se sentía superior. Más bien, me alentó a conocer mejor a Dios y a seguirlo por completo. Conocía bien a Cristo y estaba segura de su identidad como cristiana.

Luego de muchas horas, nos detuvimos para recuperar el aliento. En medio del silencio, Krickitt miró por la ventana. Observé que señalaba algo afuera, con asombro. Miré y descubrí que el sol ya había salido. Habíamos hablado toda la noche sin darnos cuenta.

Al día siguiente, Krickitt asistió a dos juegos consecutivos de los *Cowboys*, y en ambos juegos, perdimos por una carrera. Esa noche, volvimos a hablar. No me sentía demasiado animado después del resultado de los partidos del día, y para sumar a mi estado depresivo, le conté a Krickitt que mi madre padecía una enfermedad grave. Sin embargo, por alguna razón, me abrí con ella como nunca antes lo había hecho con nadie. Me sorprendió que me comprendiera y me consolara como nadie lo había hecho jamás. Supe entonces que lo nuestro era algo especial. Ella quería saber sobre mis temores y desafíos, y yo quería descubrir los suyos.

Para mi sorpresa, me dio un regalo. Abrí la caja y descubrí una hermosa Biblia nueva con mi nombre grabado en letras doradas. Me quedé sin palabras. No había terminado de darle las gracias, cuando Krickitt abrió la Biblia en el libro de Job.

«La vida no es justa… es la vida», susurró con seguridad. «Todos tenemos momentos en que sentimos que Dios no está. Pero siempre está, te acerca a Él, incluso cuando tu madre está enferma y tu equipo no juega bien».

Luego, comenzó a leer: «En la región de Uz había un hombre recto e intachable, que temía a Dios y vivía apartado del mal. Este hombre se llamaba Job…». Al rato, dejó de leer y hablamos sobre las situaciones terribles que Job tuvo que enfrentar. Hicimos las clásicas preguntas sobre el hombre que perdió todo. ¿Cómo pudo Dios permitir que le sucediera algo tan horrible a un hombre tan bueno? Y quizás lo más importante desde un punto de vista humano: ¿por qué Job no arrojó la toalla ni le dio la espalda a Dios?

Nos turnamos para leer sobre Job, hablamos de muchas cosas y exploramos la increíble historia de la fe en Dios de un hombre en medio de una tragedia impensable. Al final, nos gozamos con él cuando Dios recompensó grandemente su fe.

En algún momento de la noche, nos quedamos dormidos en el sofá. Al día siguiente, Krickitt volvió a California… Y me costó no quedarme dormido en medio del entrenamiento.

Más adelante, me enteré de que cuando Lisa, la compañera de habitación de Krickitt, la dejó en el aeropuerto al principio del fin de semana, le dijo que sentía que era una despedida definitiva. Luego, cuando la fue a buscar, se dio cuenta de que, en poco tiempo, su compañera de habitación se mudaría.

Sin duda, varios de nuestros amigos murmuraron sobre nuestro «fin de semana juntos», en especial, porque Krickitt no durmió en su habitación de hotel. Pero nosotros sabíamos que no había sucedido nada que no pudiéramos contar a nuestras madres. Aquel tiempo juntos había sido sumamente interesante, emocionante y maravilloso, y ni siquiera la había besado. Créase o no, ni lo intenté. No era el motivo del fin de semana.

Unos días más tarde, cuando revisé el buzón de correo, encontré una tarjeta de agradecimiento. Era tan hermosa que me hizo extrañarla aun más. No podía creer la convicción con que escribía, y cómo sus sentimientos reflejaban los míos. Escribió:

Kimmo:

No puedo dejar de pensar en el fin de semana que pasamos, lleno de risas y lágrimas… fue maravilloso. Nunca imaginé que seríamos tan compatibles. Me encantó poder conocerte mejor y ver al verdadero Kim

Carpenter. Tienes un corazón hermoso. Tu dulce consideración, tu amabilidad, tu humildad, tu locura y tu singularidad me dejaron perpleja. La manera en que te abriste conmigo y la transparencia con que me hablaste sobre tu vida es sumamente importante para mí.

Me asombran algunas de las cosas que hablamos. Oré tanto por nuestro fin de semana juntos, para que disfrutáramos la compañía mutua y pudiéramos tener conversaciones profundas. Bueno, creo que Dios me respondió, ¿no? Me intriga el futuro. Quisiera saber qué pasará con nosotros. Estoy lista para avanzar con la relación y ver adónde nos lleva. No está en nuestras manos, Kimmer. Creo que podemos avanzar… Tengo miedo, pero el amor implica riesgos. Creo que el Señor seguirá abriéndonos las puertas o las cerrará por completo. Lo dejo en Sus manos y confío en Él. Gracias por tratarme con tanta bondad y hacerme sentir tan especial y amada.

Kim Carpenter, te quiero y te valoro.

Todo mi amor,

Krickitt

Filipenses 4:6-9. Léelo y medita en esto.

La semana después que Krickitt volvió a su casa, hablamos por teléfono todos los días. Nunca era suficiente. Al fin de semana siguiente, tenía algo de tiempo libre, y Krickitt aceptó sin dudar mi invitación para otra visita. Pasamos el tiempo hablando, hicimos largas caminatas y anduvimos en vehículos todo terreno por las montañas.

Unas semanas más tarde, tuve que ir a San Diego a reclutar jugadores, y no pude resistir combinar el viaje con una visita a Krickitt en Anaheim. Mientras estaba allí, me presentó a sus padres, a su hermano y su cuñada, y a algunos amigos. Todos me trataron con muchísima amabilidad y calidez. Con su padre, Gus, nos llevamos bien enseguida. No era para menos, ya que nuestra pasión por el béisbol creó un lazo inmediato.

Fui a la iglesia con Krickitt y descubrí que su pastor, Charles Swindoll, era un predicador increíble con una poderosa y contagiosa pasión por Dios. La visita a la iglesia me dejó ver otra faceta de Krickitt como persona y como creyente. Cuanto más entendía su fe, más la comprendía a ella, y viceversa.

———

Regresé a California a fines de mayo, pero con algo de recelo. Teníamos que responder algunas preguntas importantes. Sin duda, nuestros sentimientos eran profundos y genuinos, pero ¿estábamos enamorados de verdad? ¿Íbamos camino al matrimonio? Sentía muchísimo amor por ella, pero quería amarla por las razones correctas y con las intenciones adecuadas.

Salimos a cenar y dimos un paseo por la playa en Del Mar. No fue como las otras veces, cuando hablábamos durante horas acerca de cualquier cosa. Esta conversación estuvo signada por largos períodos de silencio; comprendíamos su trascendencia, y que cada palabra era especial e importante.

Sin duda, debíamos tomar una decisión sobre el futuro de la relación. No podía imaginarme la vida sin Krickitt, y esperaba que ella sintiera lo mismo. Sin embargo, nuestros trabajos y nuestras familias estaban separados por cientos de kilómetros. Hacía apenas ocho semanas que nos habíamos conocido en persona. ¿Era posible que ya estuviéramos tan seguros de querer pasar el resto de nuestra vida juntos?

Hubo momentos esa noche en que pensé que tendríamos que ponerle fin a la relación. No podíamos seguir así. Había que avanzar o terminar. ¿Sería mejor irse cada uno por su lado antes de involucrarnos demasiado emocionalmente o ya era demasiado tarde? ¿Acaso alguno debía mudarse? ¿Krickitt tendría que renunciar a su empleo? ¿Yo debería renunciar al mío? Teníamos que decidir, pero nos costó resolver todo mientras caminábamos de la mano por la playa. Por fin, uno de nosotros trajo a colación la idea del matrimonio; no con entusiasmo ni sentimentalismo, sino con una calma inusual, como si fuera un resultado lógico y posible de nuestra relación. Los dos afirmamos que deseábamos que ese fuera el rumbo a tomar. No obstante, no lo dimos por hecho. Krickitt me avisó que tendría que pedirle su mano en matrimonio a su padre.

En ese momento, Gus y Mary Pappas estaban en Omaha, Nebraska, para ver la serie mundial de béisbol universitario. No quería esperar a que regresaran, así que, los llamé al hotel. Aunque conocía a los padres de Krickitt y nos llevábamos bien, me sentía como cualquier hombre frente a esta conversación crucial: sumamente nervioso.

Cuando Gus atendió el teléfono, hablamos de cuestiones triviales y luego de béisbol durante unos minutos. Por fin, respiré hondo y abordé el verdadero propósito de la llamada.

—La relación con Krickitt ha ido avanzando. Quiero pedirle que se case conmigo, pero ella señaló que tengo que hablar contigo primero.

—¿Ah, sí?

—Sí, señor.

—Kim, sería un honor tenerte como yerno.

Estaba decidido a proponer matrimonio de manera

creativa. Compré un anillo de diamante, llamé a las compañeras de Krickitt (Megan y Lisa) y les pedí que me ayudaran a preparar el ambiente para mi visita. Su departamento tenía una puerta de seguridad, y mi plan era que una de las muchachas me abriera para poder sorprender a Krickitt. Me ayudaron con entusiasmo, y pude entrar fácilmente al complejo de departamentos sin que Krickitt se enterara. Aparecí afuera de su departamento con traje y corbata, a pesar de mi aversión habitual a la ropa elegante. Entonces, empecé a llamar a mi amada a viva voz.

Al rato, salió al balcón; una Julieta moderna, con pantalones cortos y zapatos deportivos. Allí estaba yo, con las manos llenas de flores, un osito de peluche con globos atados y una caja con el anillo. El inusual espectáculo la dejó sin palabras, pero solo un instante.

—¿Qué haces aquí? —me gritó desde arriba.

—Bueno… ¿Quieres? —le grité en respuesta.

Ella desapareció del balcón, y yo sentí un nudo en la garganta, pero un segundo después, vi cómo volaba por las escaleras para encontrarse conmigo.

—¿Si quiero qué? —me preguntó expectante.

Me arrodillé, la miré a los ojos y le hice la pregunta más importante de mi vida.

—¿Quieres ser mi compañera para toda la vida? Krisxan, ¿te casarías conmigo?

Krickitt tomó aire con rapidez y pronunció las palabras que yo moría por escuchar:

—Sí, quiero casarme contigo.

Nos abrazamos, dimos un paso atrás y luego de una pausa, preguntamos: «¿Y ahora qué hacemos?»

Mi plan original era casarnos la primavera siguiente. Krickitt admitió que no quería esperar tanto. Me pareció bien, así que, propuse una fecha más cercana: Navidad. Todavía le parecía mucho tiempo. Entonces, escogimos el 18 de septiembre, apenas tres meses más tarde, como el día para pronunciar nuestros votos matrimoniales.

Volví a Las Vegas para preparar el departamento para mi futura esposa, y Krickitt se sumergió en los planes para la boda. Desde Anaheim, comenzó a hacer arreglos a larga distancia para realizar la ceremonia en la iglesia *Scottsdale Bible Church* en los suburbios de Phoenix, cerca de la casa de sus padres.

Así que, el 18 de septiembre de 1993, una perfecta noche veraniega en el desierto, me paré ante el altar frente a una audiencia de más de 100 amigos, familiares e invitados, tomado de la mano de Krickitt, e hice un voto.

«Krisxan, he llegado a amarte muchísimo. Gracias por tus maneras tan hermosas de amarme. Siempre, siempre atesoraré este maravilloso momento. Prometo amarte y respetarte plenamente. Prometo proveer para ti y protegerte en tiempos de prueba y de necesidad. Prometo ser fiel, sincero y franco; dedicarme a cumplir tus deseos y a suplir tus necesidades. Más que nada, prometo ser el hombre de quien te enamoraste. Y gracias, Jesús, por la bendición que me diste con Krisxan. Te amo».

La respuesta de Krickitt llenó mi corazón de gratitud y amor:

«Kimmer, te amo. Por fin llegó el día en que te doy mi mano en matrimonio. Prometo serte fiel, amarte en buenos y en malos momentos, y estar dispuesta a escucharte cuando lo necesites. Prometo ser franca, sincera y digna de confianza, y apoyarte cada día. Es un honor ser tu esposa. Soy toda tuya, Kimmer. Y te amo».

Luego de los votos, el pastor le pidió el anillo al padrino, Mike Kloeppel. Mike buscó bajo su saco, pero en lugar de sacar el anillo, sacó un guante de béisbol negro y bien lustrado. Me entregó el guante, me lo coloqué y le hice señas al papá de Krickitt, quien me respondió con una gran sonrisa, se puso de pie y me arrojó una pelota. La atajé, le lancé el guante a Mike y quité un pedazo de cinta adhesiva blanca de la pelota. Allí estaba el anillo de bodas de Krickitt. Como nos había unido el amor por el deporte, se me ocurrió que sería apropiado marcar de manera inolvidable nuestro interés en común.

Con la flamante Sra. de Carpenter, nos fuimos a Maui de

luna de miel, y al regreso, nos instalamos en Las Vegas, Nuevo México, al comienzo del nuevo año lectivo. Comencé a trabajar con mi equipo de béisbol, y Krickitt se sumergió en su nueva vida con el mismo entusiasmo, espíritu y fe que la habían caracterizado como vendedora. Yo tenía el lujo de seguir en mi ciudad con el mismo trabajo, pero mi esposa tuvo que comenzar de cero en un ambiente totalmente distinto. Para Krickitt, no fue un problema. En poco tiempo, se había transformado en la estadística del equipo, la supervisora de la barra de bocadillos para los partidos universitarios y voluntaria instantánea en donde hiciera falta.

También comenzó a trabajar como técnica deportiva en el centro de salud del Hospital Northeaster Regional, un centro sanitario y de acondicionamiento físico de la comunidad en el campus de la Universidad Highlands de Nuevo México, donde diseñaba programas de ejercicio para ayudar a los demás a alcanzar el estado físico deseado. Su cordialidad y experiencia en la gimnasia le dieron un éxito instantáneo entre los demás miembros del personal y con los clientes.

Decidimos que el Día de Acción de Gracias sería un momento perfecto para visitar por primera vez como esposos a los padres de Krickitt en Phoenix. El martes de esa semana, la noche antes de partir, tuvimos una tranquila cena y nos sentamos acurrucados en el sofá frente al televisor. Yo la envolví con el brazo y ella apoyó la cabeza en mi pecho. Sin advertencia, me miró y me preguntó: —¿Eres feliz, Kimmer?

No pude resistir el impulso de besarla antes de responder: —No imagino cómo podría ser más feliz—. Y le di otro beso.

# 2 EN UN ABRIR Y CERRAR DE OJOS

Levanté la mirada desde el auto e inspeccioné la zona buscando a quien era mi esposa desde hacía menos de diez semanas. Intentaba decidir cómo meter en el auto suficiente equipaje para nuestro primer fin de semana con los padres de Krickitt, y aun así, dejar lugar para nosotros dos y uno de los miembros de mi equipo de entrenadores, que aprovechaba el viaje para ir hasta el aeropuerto de Phoenix.

—Oye, Krick, ¿te falta mucho? —grité hacia la puerta abierta de nuestro departamento.

—Aquí estoy —anunció Krickitt desde el umbral. Prácticamente, vino saltando hasta el auto, como el insecto del que provenía su nombre. No pude evitar mirarla mientras se acercaba.

—Te amo, Kimmer —me susurró, inusualmente quieta.

—Te amo, Krickitt —respondí. Mientras ella metía varios bolsos más en el maletero, fui a dar una última mirada al departamento para ver si nos olvidábamos algo, y luego cerré la puerta.

Al dirigirme al auto, pensé en los maravillosos regalos que Dios me había dado en los últimos años, entre los cuales sobresalían un nuevo trabajo y una nueva esposa. No podía creer que ya hubieran pasado dos meses desde nuestra luna de miel, en la arena cálida y el paraíso tropical de Hawai. Ahora viajaríamos para el Día de Acción de Gracias, y pronto llegaría Navidad. El tiempo pasaba demasiado rápido. Quería disfrutar cada momento y esperaba con ansias poder comenzar nuevas tradiciones con mi esposa, al celebrar juntos nuestro primer feriado importante.

—Oye, Kimmer, ¿te falta mucho? —Krickitt intentó parecer seria, pero no pudo resistirlo mucho tiempo y esbozó una gran sonrisa. Nos reímos mientras me sentaba al volante. Encendí el auto, salí del estacionamiento y me metí en medio del tránsito de las festividades.

Teníamos un largo viaje por delante, pero era relativamente sencillo desde nuestro hogar en Nuevo México. Iríamos por autopistas interestatales todo el camino, pasando por

Santa Fe, Albuquerque y Flagstaff, para llegar hasta Phoenix. Habíamos planeado salir de mañana para llegar a la casa de los Pappas antes del anochecer, pero nuestro pasajero no podía salir hasta después del almuerzo. Cuando lo buscamos y nos dirigimos al suroeste por la autopista I-25, ya eran más de las dos de la tarde. Llegaríamos a la casa de mis suegros cerca de la medianoche, pero a Krickitt no le molestaba. Era nuestro primer feriado oficial como esposos, y nada importaba mientras estuviéramos juntos.

Atravesamos sin problemas Santa Fe y Albuquerque, pero poco después de tomar la I-40 hacia el oeste, al límite con Arizona, comencé a sentirme mal, como si estuviera por resfriarme. Intenté ignorarlo porque teníamos mucho camino por transitar, pero Krickitt notó que algo andaba mal y me preguntó cómo me sentía. Le contesté que no estaba del todo bien, pero que me recuperaría en unos momentos.

Sin embargo, solo empeoré. Cuando Krickitt afirmó que era necesario detenernos a comprar algún medicamento, no estaba en condición de discutir, así que, hice una parada rápida para comprar lo que necesitaba.

—Quizás yo podría conducir un rato —sugirió Krickitt.

—No me molesta. Así puedes recostarte en el asiento de atrás y descansar un poco.

Me sentía realmente enfermo, así que, acepté su oferta.

—Sería fantástico. —Suspiré antes de añadir—: No planeaba

impresionar así a mis suegros en nuestra primera fiesta con ellos.

Krickitt me dedicó su característica sonrisa, y yo se la devolví lo mejor que pude, pero no había comparación. Tomó el volante con nuestro pasajero al lado, mientras yo intentaba acomodarme atrás. Nuestro Ford Escort era nuevo, pero no estaba diseñado para que un adulto durmiera en el asiento trasero. No obstante, más preocupado por la comodidad que por la seguridad, me di cuenta de que podía bajar el asiento y estirar las piernas hacia el maletero. Hice lo posible por acomodarme mientras esperaba que la medicina hiciera efecto.

Poco después de las seis de la tarde, pasamos por Gallup, la última ciudad grande de Nuevo México y el límite con Arizona. La noche nos envolvía con rapidez, y Krickitt encendió las luces delanteras. Por fin, encontré una posición cómoda y caí rendido con la cabeza detrás del asiento del conductor y las piernas hacia la puerta del maletero. De repente, desperté sobresaltado por un violento grito de «¡cuidado!», mientras el auto desaceleraba rápidamente y viraba a la izquierda. Me levanté justo para sentir el impacto que me arrojaba sobre la parte trasera del asiento de Krickitt. Deslicé la cabeza desde el asiento hacia la puerta del conductor, y al mirar por el espejo retrovisor, vi las luces que se acercaban, más y más grandes, hasta llenar por completo el espejo en una fracción de segundo.

Mi esposa dejó escapar un grito escalofriante.

El informe del patrullero de la autopista indicó que alrededor de las 6:30 de la tarde, el 24 de noviembre de 1993, a unos 9 km (5,7 millas) al este del límite estatal entre Arizona y Nuevo México, un Ford Escort blanco participó de un choque entre dos camiones. Más adelante, las investigaciones revelaron que un camión remolcador rojo, cargado de autopartes, había empezado a tener problemas con el motor mientras viajaba hacia el oeste por la I-40. Por eso, el conductor iba a 40 km (25 millas) por hora por el carril derecho. Krickitt, que iba a una velocidad normal para una autopista, alcanzó al camión, que estaba escondido en una nube de humo negro producida por un filtro de carburante defectuoso. Durante el día, el humo se habría visto, pero como estaba oscuro, Krickitt no pudo verlo desde lejos.

Aunque la luz de baliza del camión no estaba prendida, Krickitt alcanzó a ver entre la nube del escape las luces traseras que avanzaban lentamente, frenó en seco y giró a la izquierda. Al mismo tiempo, una camioneta de reparto que circulaba demasiado cerca detrás de nosotros, se nos vino encima.

El guardabarros delantero de nuestro auto se enganchó

al borde izquierdo de la parte trasera del remolque. Luego, cuando el auto empezó a girar y Krickitt luchaba por mantener el control, la camioneta vino desde atrás y nos embistió del lado del conductor. El impacto hizo que nuestro vehículo saliera disparado por el aire. Voló 9 metros (30 pies), cayó al suelo de un golpe, giró una vez y media, se deslizó ruedas arriba más de 30 metros (106 pies) y se detuvo al costado de la carretera.

Después del choque, no recuerdo haber oído nada ni sentido dolor de inmediato, pero tengo grabada cada sensación desde el impacto hasta que el auto se detuvo. Me quedó la cara atorada entre el asiento del conductor y el costado del auto. Un fuerte sacudón me llevó la cabeza hacia atrás, y salí rodando hacia el otro lado, donde me golpeé el tórax con el hueco de rueda. A continuación, sentí como si hubiese estado flotando, girando y cayendo, como en una secuencia onírica de una película. Vi chispas y pensé que el auto se incendiaba. Por último, sentí un hormigueo en la espalda. Luego, todo se detuvo.

Al principio, estaba demasiado conmocionado como para hablar, mientras mi cerebro comenzaba a despejarse. Cuando pude pensar con claridad, ni se me ocurrió fijarme si estaba herido. No sentía nada. En lo único que podía pensar era en mi esposa.

«¡Krickitt!», grité. Me respondió el silencio. «¡¡Kriiiiiickitt!!» Sabía que no estaba sordo, porque reconocí el sonido del motor encendido. Pero mi esposa de hacía dos meses no me respondía. Tomé unos segundos para mirar a mi alrededor y orientarme. Me di cuenta de que el auto estaba dado vuelta y que me encontraba adentro, sobre el techo. El techo corredizo se había hecho pedazos en el último y largo derrape, y yo había ido sobre vidrios rotos y pavimento en ese tramo de 30 metros (106 pies).

Otra vez grité llamando a mi esposa, y a medida que el sonido de mi voz se desvanecía, sentí algo húmedo sobre el rostro. Supuse que después de semejante golpe, probablemente estaba cortado y sangraba, así que, me palpé en busca de heridas. Vi cómo se me acercaba la mano a la cara lentamente, como en un sueño, como si fuera la mano de otra persona. Al acercarse, apareció una mancha roja sobre ella, luego otra. La mano no parecía lastimada; la sangre tal vez venía de un corte en mi cabeza.

Alejé la mano de mi rostro para detener las manchas, pero seguían apareciendo. La sangre me corría por el brazo, y comenzó a escurrirse al techo roto. Entonces, miré hacia arriba. Era una sensación extraña ver todo al revés: los asientos hacia abajo, las ventanas en lugares extraños.

Mi mente, aún confundida, descifró que la sangre que goteaba no era mía. Arriba, mi esposa estaba suspendida cabeza abajo, sujeta por el cinturón de seguridad. Los brazos le colgaban inertes y tenía los ojos cerrados. No se movía. No estábamos lejos, pero no podía alcanzarla. Como era casi de noche, no podía percibir con claridad sus heridas. De repente, me di cuenta de que podía estar muerta.

«¡Krickitt!», grité con mi voz contundente de entrenador, con la esperanza de despertarla de un sobresalto. No abrió los ojos, pero se movió apenas. Luego, dejó escapar un suspiro largo y rasposo, y volvió a quedarse quieta.

Pensé que había escuchado su último suspiro.

Volví a llamarla y comencé a intentar salir del auto, pero no podía moverme, y al principio, no entendía por qué. No había nada sobre mí ni en mi camino, y como el vidrio de la ventanilla adyacente estaba completamente roto, tenía que poder salir sin problema. Enseguida comprendí que no sentía las piernas. No podía moverme de la cintura para abajo.

Me hormigueaba la nariz, así que, la toqué. Sentí algo filoso. Quedé horrorizado al descubrir que era el hueso expuesto. Más abajo, sentí lo que al principio me pareció el labio sumamente hinchado. Me equivoqué. Era mi nariz, que colgaba de un jirón de piel, frente a mi boca.

Al fin, escuché otra voz, pero no era la de mi esposa.

—¡Dame la mano! ¡Te ayudaré! —Miré por la ventanilla y vi a un desconocido, nuestro propio buen samaritano.

—No puedo mover las piernas —grité en respuesta.

—¡Apaga el motor! El auto puede explotar en cualquier momento.

Luego de un instante de confusión, comprendí que el hombre le hablaba a nuestro pasajero, que había viajado en el asiento del acompañante. De alguna manera, había salido de ese terrible accidente solo con un hombro dislocado. Aunque estaba algo aturdido, había podido salir del auto, y al escuchar la orden de este extraño, se metió a intentar apagar el motor.

—La llave está rota —anunció.

—¡Tienes que apagarlo! —exigió el desconocido. Luego de tironear y retorcer con desesperación, el interruptor de encendido giró y acalló el motor.

—Bueno, entraré a buscarte —me avisó el hombre. Apoyándose sobre el estómago, se arrastró por la ventana junto a mí. Me aferré a sus hombros, y él me sostuvo con una mano, mientras usaba la otra para deslizarnos hacia fuera del auto, a la hierba junto a la autopista.

Entonces, pude ver que otro vehículo se había detenido. Se nos acercó una pareja, que había dejado a sus hijos en la furgoneta. «Niños, quédense adentro y oren», les indicó el hombre mientras se acercaba a nuestro auto. Miró a su alrededor, los despojos y toda la sangre y, sin mostrar pánico ni derrota, puso la mano sobre una de las ruedas volcadas y comenzó a orar. Su esposa se me acercó para ver cómo podía ayudarme. Temía que me estuviera desangrando, hasta que descubrió que gran parte de la sangre no era mía.

La pareja se presentó como Wayne y Kelli Marshall, y se ofrecieron a hacer todo lo posible por ayudar. En ese momento, lo único que necesitaba era saber que mi esposa no estuviera muerta.

Mientras mi rescatador me envolvía en mantas, otro auto se detuvo y la conductora se me acercó a prisa. Comenzó a hablar, pero se detuvo de repente con una expresión horrorizada en el rostro, como si me reconociera. «¡Dios mío! ¡Eres el hijo de Danny Carpenter! ¡Tu prima Debbie es mi mejor amiga! Me comunicaré con tu familia», anunció la mujer y se fue a hacer las llamadas.

Me asombró cómo Dios ya nos estaba cuidando. Estábamos en el medio de la nada y ya habíamos encontrado un socorrista, un guerrero de oración y una amiga de la familia.

Los conductores de los otros dos vehículos que habían chocado no tenían heridas visibles, y los dos pasajeros de la camioneta solo mostraban lesiones menores. No se podía decir lo mismo de Krickitt y de mí. Además de las heridas físicas, yo estaba adormecido por el impacto. En lo único que podía pensar era en mi esposa, atrapada dentro del vehículo destrozado a unos pocos metros, y que parecía estar desangrándose o ya muerta. Tenía la cabeza atrapada entre el volante y el techo, donde se había aplastado la parte superior del vehículo al darse vuelta. Comprendí que si yo hubiera estado conduciendo, habría muerto de inmediato, porque no cabía en el espacio que quedó luego del impacto; se me habría aplastado el cráneo. Pero en el caso de Krickitt, nos dimos cuenta de que si le desabrochábamos el cinturón de seguridad antes de liberarle la cabeza, se le quebraría el cuello, si es que ya no estaba roto.

A los pocos minutos, comenzaron a llegar la policía y las ambulancias. Evidentemente, habría que cortar el auto para sacar a Krickitt, pero los paramédicos no querían esperar tanto para empezar a tratarla. Así que, una de ellos, DJ Coombs, se arrastró al interior del auto (sin mencionar que tenía claustrofobia severa) y comenzó a medicarla por vía intravenosa y a monitorear sus signos vitales, ya que mi esposa seguía colgada del cinturón de seguridad cabeza abajo. Krickitt recuperaba y perdía la consciencia; las pupilas se le contraían y dilataban de a ratos. Más tarde, me informaron que ese era un clásico síntoma de daño cerebral grave.

Mientras el equipo de rescate cortaba el auto, nos subieron a nuestro pasajero y a mí a una ambulancia. Camino al hospital de Gallup, los paramédicos comenzaron a clasificar mis heridas. La oreja izquierda estaba casi desprendida; la nariz estaba prácticamente cercenada. También tenía otras laceraciones faciales, conmoción cerebral, dos costillas astilladas y una mano quebrada. Más tarde, los doctores descubrieron un pulmón lacerado y una contusión en el músculo cardíaco.

Mientras viajábamos a toda velocidad, escuché que el paramédico se comunicaba por radio con el hospital. «Tenemos dos hombres víctimas de un accidente, uno en condición crítica, otro grave. La tercera víctima sigue en la escena y se encuentra en condición extremadamente crítica». Era un mal pronóstico, pero comprendí que, al menos, significaba que Krickitt estaba viva.

Cuando llegamos a la sala de emergencias del Hospital Cristiano Rehoboth-McKinley, en Gallup, me llevaron de inmediato a tomarme radiografías y a hacerme una tomografía computada. El personal médico descubrió una tumefacción importante detrás de mi oreja izquierda, y pensó que podría tratarse de una fractura en el cráneo. Cuando terminaron de atenderme, a Krickitt ya la estaban tratando para salvarle la vida en otra parte de la sala de emergencias; así que, no la vi, pero sabía que no recibiría buenas noticias. Después de todo, la había visto en el auto que parecía un acordeón, y les había llevado más de media hora sacarla de allí.

Nadie me daba una respuesta concreta sobre su condición. ¿Cómo estaba? ¿Se recuperaría? ¿Estaría bien? Nadie me decía nada, y comprendí que no era una buena señal. Más tarde, me enteré de que cuando una de los paramédicos escuchó que Krickitt seguía viva horas después de llegar al hospital, no lo podía creer. Nunca había visto que alguien sobreviviera a semejante traumatismo de cráneo.

Apenas llegó Krickitt al hospital, el personal médico le dedicó toda su atención, y yo no me quejé. El equipo de paramédicos ya me había hecho un tratamiento preliminar, pero yo no quería tomar ninguna clase de sedante ni seguir adelante con los estudios hasta saber qué le sucedía a mi esposa. Había estado esperando un rato, cuando se me acercó un doctor. Tenía una actitud profesional y segura, pero al mirarlo a los ojos, me di cuenta de que estaba exhausto. Me entregó un pequeño sobre manila.

—Sr. Carpenter, lo lamento muchísimo.

No pude formular una respuesta antes de que el doctor abandonara la habitación. No me quedaba nada por hacer más que investigar el contenido del sobre. Lo abrí con mi mano sana y dejé caer los objetos sobre la fracturada. Me quedé mirando el reloj de pulsera de la Universidad Highlands, que había mandado a hacer para Krickitt… y su anillo de bodas.

Cuando le puse ese anillo, hice el voto de protegerla en tiempos de pruebas y de necesidad. Sin duda, este era uno de esos momentos, pero sentía una absoluta impotencia. No podía hacer nada para protegerla ahora.

Mis pensamientos y sentimientos se mezclaban en una nube de confusión. Estaba dolorido y agotado, pero sobre todo, me molestaba no saber cómo estaba Krickitt. De repente, la idea de que estaba muerta atravesó todo lo demás.

Mi incredulidad no me permitía estar triste. No era que no estuviera dispuesto a creer que mi esposa estaba muerta; no *podía* creerlo. Era incapaz de aceptar que esos ojos azules no volvieran a abrirse jamás, que ya no fuera a ver la sonrisa brillante desde el otro lado de la mesa del comedor. No podía creer que la mujer más alegre y entusiasta que había conocido me fuera arrebatada de manera tan atroz. Mi cerebro simplemente se negaba a procesar la idea de que luego de dos meses de casado fuera viudo. *¡Viudo!*

Poco después, entró una enfermera para revisarme e informarme sobre el estado de Krickitt. —Hicimos todo lo que pudimos y no ha mejorado —explicó—. Los médicos no pueden hacer más nada para ayudarla—. *Quizás los médicos no puedan*, pensé, *pero Dios sí.*

La enfermera continuó. —Aun así, nos sorprende cómo resiste. Es fuerte y su estado físico es excelente. El doctor solicitó un traslado en helicóptero a Albuquerque—. La puerta que minutos atrás parecía cerrada y sellada ahora dejaba entrar un rayito de luz.

En ese momento no lo sabía, pero cuando el equipo médico recibió órdenes de trasladar a mi esposa al Hospital

Universitario de Nuevo México, en Albuquerque, a 200 km (130 millas), tenía miedo, según su experiencia, de que fuera un viaje inútil. Al helicóptero le llevaría una hora llegar a Gallup, y desde allí, otra hora para llevar a mi esposa a Albuquerque. Pensaban que para entonces, sería demasiado tarde. Krickitt ya estaría muerta.

Sin embargo, por la gracia divina, el personal del hospital de Gallup corrió ese riesgo con Krickitt Carpenter. Mientras la trasladaban desde la sala de emergencias para prepararla para el vuelo, la vi por primera vez desde que me llevaron de la escena del accidente. Estaba acostada sobre una camilla, rodeada de médicos concentrados en lo que parecía una decena de canalizaciones intravenosas y monitores. La cabeza y el rostro de mi esposa estaban tan hinchados y amoratados que casi no la reconocí. Tenía los labios y los oídos de un color negro azulado, y la hinchazón era tal que los párpados no se cerraban por completo. Tenía la mirada vacía y fija hacia la derecha, y los brazos se movían inconscientemente (más señales de daño cerebral severo). Su temperatura corporal era inestable, así que, la habían envuelto con una manta térmica. Para mí, parecía una mortaja.

Me bajé de la cama y tomé las manos de Krickitt. Estaban heladas. «Vamos a salir de esto, Krick», afirmé. «Estaremos bien». Las lágrimas ignoraron mi sonrisa y comenzaron a fluir. «¡No te me vayas a morir!», supliqué, con la boca cerca de su rostro. Tenía puesta una máscara de oxígeno y oía su respiración, superficial y vacilante. «Prometimos estar juntos para siempre, ¿recuerdas? ¡Todavía nos queda un largo camino!»

Cuando empezaron a llevar la camilla de Krickitt hacia la pista de aterrizaje, comprendí de repente que no tenían intención de llevarme. «Tienen que llevar dos médicos y una gran cantidad de equipos para intentar que tu esposa sobreviva —me explicaron—. No hay lugar para un pasajero».

Yo no era un pasajero, era su esposo. De pronto, comprendí que también era un paciente con heridas bastante graves. Intenté convencer a cualquiera que me escuchara de hacer regresar el helicóptero para buscarme, pero no tuve éxito. Alguien me dijo que ya había otras dos solicitudes de vuelo y que no había tiempo para que hiciera otro viaje de dos horas para buscarme. Mientras intentaba comprenderlo, observé sin poder hacer nada cómo se llevaban a mi esposa por la puerta oscilante hacia el helicóptero.

«¡Resiste, Krickitt! ¡Estoy orando por ti!», grité, antes de comenzar a sollozar mientras veía cómo se llevaban al amor de mi vida y la metían en un helicóptero. Me quedé allí, incrédulo, mientras el sonido rítmico de las hélices de la nave se desvanecía en la distancia.

Desde que llegué al hospital, intenté comunicarme con los padres de Krickitt en Phoenix, y con los míos en Farmington, Nuevo México. Pero como era la víspera de Acción de Gracias, no había nadie en casa. Al quedarme sin opciones, llamé al antiguo número de teléfono de Krickitt y hablé con su ex compañera de cuarto, Lisa, que todavía vivía con Megan en el departamento que solían compartir con mi esposa en California. Le expliqué rápidamente la situación y le pedí que intentara comunicarse con los padres de Krickitt, para que supieran que habíamos sufrido un accidente, y que esperaran noticias nuestras.

Luego, llamé a mi jefe de la universidad, el director deportivo Rob Evers. Le describí la situación y le pedí que rastreara a mis padres. Me aseguró que se encargaría y enseguida comenzó a buscarlos. Sabía que yo tenía un tío en Albuquerque, de apellido Morris, pero no sabía su nombre de pila, porque todos lo llamaban por su sobrenombre, Corky. Así que, Rob llamó a la operadora y le explicó que era una emergencia y que tenía que contactar a la familia. «En general no hacemos esto —explicó la operadora—, pero aguarde en línea.» Llamó a todos los Morris de Albuquerque hasta que encontró al indicado.

El tío Corky tenía el número de teléfono del socio de mi papá. Rob lo llamó, y este hombre pudo comunicarse con mi padre por teléfono móvil. Estaban con mi mamá en Roswell,

Nuevo México, pasando el Día de Acción de Gracias con mi hermano Kelly. Papá llamó de inmediato. Le dije que un doctor acababa de darme el anillo de bodas de Krickitt y un sentido «Sr. Carpenter, lo lamento muchísimo». Me frustraba no saber qué sucedía, pero lo llamaría para comunicarle cualquier novedad.

Cuando el helicóptero de Krickitt se fue, no podía creer que mi esposa, desde hacía dos meses, moriría. Estaba tan llena de vida, tan alegre y dedicada a ser la mujer que Dios quería. Esa misma mañana, había estado escribiendo en su diario. Más adelante, al leer la entrada, me asombró lo que escribió: «Señor, […] ayúdanos a tener constancia para sostener tus valores. Te pido que me des la oportunidad de servirte, de testificar de ti, de ser líder para ti […]. Por favor, abre mi corazón y el de Kimmer para hacer lo que te agrada». Quién iba a decir que en la víspera de Acción de Gracias, Dios respondería esa oración de maneras increíbles y extremadamente difíciles.

Pero aquella noche, no pensé en el futuro. Me concentré en los sucesos espantosos del presente. Volví a llamar a mi papá. A través de mis sollozos desgarradores, me las arreglé para jadear: «Llevaron a Krickitt a Albuquerque en helicóptero y no me dejaron ir con ella. Tienes que venir a buscarme. Llévame con ella». Volví a quebrarme, abrumado por las emociones en mi interior. «Tengo que ver a mi esposa una vez más antes de que muera».

# 3 UN MILAGRO MODERNO

Mientras mi papá pensaba cómo llevarme hasta Albuquerque, los padres de Krickitt llegaban a una casa
vacía. Gus y Mary habían hecho todo lo posible para que
nuestro primer Día de Acción de Gracias como pareja casada fuera especial. Como no podríamos visitarlos en Navidad
por mi trabajo, decidieron añadir un toque festivo a su casa y
colocaron luces navideñas tanto adentro como afuera. Sabían
que no llegaríamos hasta tarde en la noche, así que, habían
ido a ver un partido de básquet.

Los padres de Krickitt no habían recibido la noticia cuando volvieron a su casa, pero Mary supo que algo andaba mal

incluso antes de entrar. Era más de medianoche y no había ningún Escort blanco estacionado que anunciara nuestra llegada. Pronto, recibieron la noticia que les cambiaría la vida: su amada hija y su yerno habían tenido un accidente, y el pronóstico no era prometedor.

Esperaba que mi papá me llamara con su plan, cuando sonó el teléfono. Era Mary. Como Krickitt iba camino a Albuquerque, no pude decirle a su madre cómo estaba, ya que ni yo sabía. Pero recuerdo que afirmé: «Estoy sufriendo mucho, no puedo vivir sin ella». Mary prometió que llamaría al hospital para ver cómo estaba su hija, y tomaría el primer avión desde Phoenix, a la madrugada del Día de Acción de Gracias.

No sé si fueron dos minutos o dos horas después de hablar con Mary, cuando mi teléfono volvió a sonar. Atendí y escuché la voz de mi padre. —Hijo, ¿cómo estás?

—Quiero ver a Krickitt, así estoy. No puedo respirar y me duele muchísimo la espalda. Tengo que verla, papá—. Tuve que luchar para contener las lágrimas durante la conversación. Esperaba con todo mi ser que mi papá pudiera llevarme a Albuquerque a ver a mi esposa.

Sí podía. —Escucha, hijo —comenzó con una voz firme y controlada, que me infundió fortaleza y consuelo—. Dejaré a tu madre en el hospital en Albuquerque. Luego, nos encontraremos en la estación de camiones en Grants y te llevaré a ver a Krickitt.

Papá hizo que pareciera que solo tendría que hacer un rápido viajecito por la ciudad, pero la verdad era que él y mi mamá acababan de conducir casi 650 km (400 millas) a través de Nuevo México para ir a la casa de mi hermano. Ahora, viajaría más de 300 km (200 millas) desde Roswell a Albuquerque y luego otros 100 km (60 millas) hasta Grants, el punto intermedio entre Albuquerque y Gallup. Para colmo, había soplado una tormenta durante la noche y algunas partes de la autopista estaban cubiertas de hielo.

—El problema es que no creo que me dejen ir a menos que vengas a firmar el alta. Me admitieron en la sala de emergencias y todavía no me ayudaron demasiado porque estaban ocupados con Krickitt. No estoy en condiciones de andar solo, papá.

—Enviaré a Porky a buscarte.

Entonces, supe que estaba resuelto. Porky Abeda era uno de los mejores amigos de papá, un hombre grande como un oso y antiguo jefe de bomberos de Gallup. Era sumamente persuasivo y conocido en la ciudad. Sabía que si alguien podía sacarme del hospital, era él.

Naturalmente, el cuerpo médico no estuvo de acuerdo con mi decisión de irme. Una enfermera intento razonar conmigo:

—No hemos tenido la oportunidad de examinarte en busca de heridas internas. No es aconsejable que te vayas todavía.

—Solo quiero estar con mi esposa.

—Cuando llegues a Albuquerque, quizás sea imposible reparar el daño de tu nariz y oreja. Y ni siquiera sabemos qué clase de hemorragia interna podrías tener —la enfermera hizo una pausa y me miró con severidad—. Si te vas del hospital ahora, podrías morir.

—No me importa —respondí—. Si Krickitt muere, no quiero vivir.

Si un paciente quiere que le den el alta en contra del consejo médico, el hospital solo puede dejarlo ir en compañía de un pariente. Porky no podía pasar por mi primo, mi tío ni otro familiar. Es navajo de pura sangre y yo soy caucásico. No sé qué le dijo al personal del hospital, pero funcionó.

Una vez firmados los papeles, Porky me envolvió en una manta, me subió al asiento trasero de su auto y partió para Grants. Probé distintas posturas, intentando encontrar una que me permitiera respirar con menos dolor. Cada vez que tomaba aire, parecía que se me quemaba el pecho. Al mirar por la ventanilla, vi las luces mientras viajábamos a toda velocidad por la autopista interestatal. Por fin, divisé el enorme cartel de la estación de camiones en Grants, y estacionamos para encontrarnos con mi padre.

Papá caminaba de un lado al otro por la acera. Había llegado a Roswell en casi la mitad del tiempo normal, aunque la autopista estaba cubierta de hielo y ya habían ocurrido dos choques importantes entre Albuquerque y Gallup esa noche: los mismos que requirieron el helicóptero que yo deseaba abordar para ir a ver a Krickitt. Porky salió de un salto del vehículo y vi que mi papá se le acercaba.

—¿Adónde está Kim? —lo escuché preguntar; su voz era amortiguada por el sonido de numerosos camiones inmensos que nos rodeaban. Miró el auto, como esperando que yo saliera para entrar en el de él y viajar hasta Albuquerque.

—Danny —anunció Porky en tono solemne—, Kim no está bien. No puede salir del auto por su cuenta.

Cuando Porky abrió la puerta, el viento helado atravesó la manta. Los ojos de mi padre se encontraron con los míos antes de que pudiera mirar mi rostro cortado, mi oreja cercenada y mi nariz mutilada. Se estremeció, y supe que no era del frío.

Entre los dos, me ayudaron a pasar al auto de mi papá, y partimos para Albuquerque, un trayecto que habitualmente llevaba una hora. Pero este no era un viaje habitual. Cuando subimos a la autopista, papá aceleró a casi 180 km por hora (110 millas por hora).

Por tercera vez en doce horas, me encontré intentando hallar una posición cómoda en el asiento trasero de un auto. Todo parecía inútil. Cada vez jadeaba más al respirar, no podía obtener suficiente aire. Respirar hondo había pasado de ser doloroso a imposible.

Volábamos por la autopista a más de 3 km (2 millas) por minuto, en medio de la lluvia helada que iba y venía. Por momentos, pensé que sería mi último suspiro. Las costillas rotas me habían dañado el pulmón, y sentía que poco a poco me iba yendo.

No conversamos mucho durante ese viaje. De vez en cuando, papá preguntaba: «¿Estás bien, hijo?».

Por dentro, pensaba: *No, no estoy bien. Mi esposa se está muriendo, y quizás yo también. Hace solo diez semanas que estamos casados, y ahora todo se terminará en cuestión de horas… si es que ya no terminó.* Pero lo único que podía decir era: «Solo llévame a Albuquerque, papá».

A cada rato, mi papá llamaba a mi mamá en el hospital, para ver cómo iba todo. Cuando terminaba de hablar, le preguntaba si tenía alguna novedad. «Todavía la están tratando», era la única respuesta que recibía. Más tarde, me enteré de que cuando mi papá estaba en Roswell, había llamado al hospital y le habían dicho que no creían que Krickitt sobreviviera esa noche.

Me daba cuenta de que no me decía todo lo que sabía sobre Krickitt. La había visto sobre la camilla en Gallup. Había escuchado a los doctores de la sala de emergencias y a las enfermeras hablando entre sí. Me habían llevado su anillo de bodas y actuaban como si ya no hubiera esperanza. Me parecía que se habían dado por vencidos aun antes de subirla al helicóptero.

Incluso al acercarnos a Albuquerque, estaba convencido de que Krickitt estaba muerta. Cuando le respondí a la enfermera que no quería vivir si mi esposa moría, lo dije en serio. Acostado, pensaba: *Puedo terminar mi agonía aquí y ahora. Lo único que tengo que hacer es alcanzar la manija de la puerta y salir rodando. A esta velocidad, el resultado sería seguro.* Pero apenas se me cruzó ese pensamiento, sentí una presencia fuerte y reconfortante en el auto conmigo, que solo puede haber sido el Espíritu de Dios. Una voz advirtió: «Espera un momento». No sé si oí las palabras en forma audible o si solamente las sentí, pero allí estaban, y me salvaron de la decisión más espantosa y egoísta que podría haber tomado. No sé si llegué a tomar la manija de la puerta o no, pero estoy seguro de que no volví a considerar quitarme la vida. Incluso hasta hoy, me avergüenzan esos pensamientos al ver a mis dos afectuosos hijos. Al quitarme la vida yo, se las habría negado a ellos.

Al fin, llegamos a una elevación y vimos la ciudad de Albuquerque desplegarse frente a nosotros. Me senté con dificultad y observé la ciudad. Me preguntaba adónde estaría mi esposa en ese océano de luces.

Cuando estábamos a cinco cuadras del Hospital Universitario de Nuevo México, papá llamó a la sala de emergencias y les pidió que estuvieran preparados para nuestra llegada. Habían pasado diez horas desde el accidente y todavía no había recibido mucho más que primeros auxilios. Cuando dimos vuelta a la última esquina y estacionamos en la entrada de emergencia, nos esperaba una multitud: doctores, enfermeras... y mamá. Tomé su presencia como una mala señal.

Alguien abrió la puerta del auto e intenté bajar por mi cuenta. Mamá me miró preocupada, y observé que su expresión pasaba de la conmoción al terror al examinar mi rostro desfigurado. Luego, desapareció de mi vista, en medio del enjambre de enfermeros y doctores que se acercaron para ayudarme a salir del auto. Me hablaban a mí y entre ellos tan rápido que no entendía qué sucedía.

—¿Adónde está Krickitt? ¿Adónde está mi esposa? —grité por encima del ruido, lo más fuerte que pude. Parecía que nadie escuchaba—. ¡Alguien, por favor, dígame qué le sucedió a mi esposa!

De repente, una voz familiar irrumpió en medio del caos. —¡Dejen pasar! ¡Permiso!

Era Mike Kloeppel, el padrino de nuestra boda, otro hombre grande como un oso que venía a mi auxilio tal como Porky Abeda. Mike sabía que mi principal prioridad era saber el estado de Krickitt, no que el equipo médico me atendiera. Lo vi abrirse paso entre la multitud, haciendo a un lado a enfermeras y al personal de la sala de emergencias. Vi que alguien lo asió de la camiseta, pero sin problema, se liberó.

Cuando se acercó lo suficiente como para que pudiera escucharlo, me preguntó: —¿Cómo estás, amigo?

Ignorando su pregunta, y con temor de escuchar su respuesta a la mía, le pregunté:

—Mike, ¿está viva?

Hizo una pausa, y con un suspiro respondió:

—Todavía resiste, Kim. La están tratando en la UCI.

Sentí que el alivio me inundaba, y en silencio, le agradecí a Dios en esa mañana de Acción de Gracias.

Cuando Mike se apartó, me llevaron a toda prisa a la sala de emergencias. Cuando los doctores revisaron mis heridas, no podían creer que me hubieran dejado ir en esa condición del hospital de Gallup. No tenía fuerza suficiente para explicar que me había ido a pesar del consejo médico.

Los mismos facultativos que atendieron a Krickitt cuando llegó vinieron a revisarme y comenzaron a pedir vías intravenosas, radiografías y tomografías computarizadas. Las enfermeras se dispersaron por todas partes para cumplir órdenes. Escuché que por la tumefacción que habían descubierto detrás de mi oreja herida, pensaron que podría tener un hematoma cerebral con daño permanente.

Uno de los doctores me preguntó adónde me dolía. —La espalda, —contesté— casi ni puedo moverme sin sentir dolores punzantes hacia arriba y hacia abajo.

Me dieron vuelta para mirar bien. Escuché que alguien exclamaba: «¡Mira eso!» Al parecer, cuando el auto se había deslizado al revés por el pavimento, se me habían clavado en la espalda astillas de vidrio del techo corredizo. Había algunas de 10 cm (4 pulgadas) de largo.

El doctor corrió una cortina alrededor de mí, en un intento de protegerme de su ira, pero pude escuchar que le preguntaba a todos los que podían escuchar: «¿Acaso recibió alguna clase de tratamiento en Gallup?». Por supuesto, él no sabía toda la historia. No me había quejado en absoluto de que el equipo médico de Gallup se dedicara por completo a mi esposa; eso la había salvado.

Más adelante, me enteré de que las enfermeras en el traslado aéreo de Krickitt confirmaron la calidad del cuidado que había recibido en Gallup, escribiendo: «El mayor crédito de tu recuperación es para los paramédicos de Gallup que estuvieron en la escena del accidente, y para los doctores Kennedy y Beamsley en el Hospital Rehoboth. Hicieron todo bien. Lo único que hicimos nosotros fue volar lo más rápido posible». De ninguna manera fue culpa del personal hospitalario de Gallup que yo exigiera irme en esta condición.

Mientras los doctores me trataban, yo le preguntaba a mamá cómo estaba Krickitt. Durante esos minutos y horas de agonía física, lo único que deseaba era que mi madre aliviara mi tormento emocional y mental, y afirmara que mi esposa estaría bien. Pero no lo hacía. No podía. Lo que no me dijo fue que ninguno en el equipo del helicóptero tenía esperanzas de que sobreviviera. El médico que la internó en

Albuquerque le había dado menos de 1% de probabilidad de sobrevivir. La única esperanza de Krickitt era un milagro.

Pronto llegó mi hermano mellizo, Kirk, desde Farmington, nuestra ciudad natal en la parte noroeste de Nuevo México. Él y su esposa se habían enterado del accidente después de la medianoche, pero vinieron lo más rápido posible.

—¿Cómo estás, Kimbo? —me preguntó, haciendo un esfuerzo por sonreír.

—No es mi mejor momento —respondí—. Necesito ver a Krickitt.

—Ya la verás —me contestó—. Espera el momento adecuado.

Mientras tanto, los del equipo de emergencias me reacomodaron la nariz, colocaron el hueso de mi mano quebrada en su lugar, trataron mis costillas, me dieron un sedante y se prepararon para internarme en el hospital. Como ya habían terminado su tarea conmigo, les pedí que me llevaran a ver a mi esposa lo antes posible.

—Una vez que estés internado, no podrás ir a ver a tu esposa —me explicó alguien.

—Entonces, no me internen.

Con razón, intentaron convencerme de lo contrario, pero no quería escuchar. No quise que me internaran hasta poder ver a mi esposa.

Por fin, accedieron a enviarme a la sala de recuperación

para controlarme, y si mostraba algo de estabilidad, podría ir a ver a Krickitt. Todavía se encontraba en la UCI, y me informaron que me llevarían en silla de ruedas. Me advirtieron de lo que vería y me pidieron que me preparara para una gran conmoción al ver la magnitud de sus heridas y la gran cantidad de máquinas en la habitación. Pero no me importaba; estaba feliz de que estuviera viva.

Cuando llegamos a la puerta de la UCI, le hice señas al auxiliar que empujaba la silla de ruedas para que se detuviera. «Si hay alguna posibilidad de que me vea, quiero que me vea caminando. Entraré solo», le expliqué. Me levanté con dificultad y atravesé la puerta arrastrando los pies.

Qué bueno que el auxiliar estaba detrás de mí con la silla de ruedas cuando entré, porque apenas vi a Krickitt, caí sentado. Era increíble que no hubiese necesitado cirugía, pero por su lesión cerebral, tenía todas las máquinas posibles de soporte vital conectadas a ella. Estaba atada a la camilla; tironeaba de las correas y se sacudía con convulsiones. Un violeta oscuro le teñía los ojos y los labios. Todo el cuerpo estaba hinchado como un globo y la cabeza tenía el tamaño de una pelota de básquet. Había tubos que le entraban por la boca y la nariz, otros que desaparecían debajo de las sábanas, y vías intravenosas en los brazos y en un pie. Tenía una sonda llamada catéter Camino que le perforaba la cabeza para medir la presión entre el cerebro y el cráneo, y le salían cables desde la cabeza, conectados a monitores que llenaban la habitación.

Estaba sedada y no podía hablar por todos los tubos, pero yo estaba desesperado por recibir alguna clase de respuesta de su parte. Me levanté de la silla de ruedas y le tomé la mano.

«Soy yo, mi amor —le dije con suavidad—. Si puedes oírme, aprieta mi mano». Por la cantidad de otras heridas más urgentes, todavía no sabíamos que la mano helada y blanca que sostenía con tanta cautela estaba quebrada. No vi ninguna reacción en su rostro luego de hablarle... pero apretó mi mano.

Un destello de esperanza se encendió en mí. Krickitt todavía estaba allí. En alguna parte, debajo de todos esos cables y tubos, mi esposa seguía viva. Fue la primera señal de vida que no necesitamos medir con una máquina. Aunque al parecer era algo insignificante, yo estaba eufórico.

A los doctores no les entusiasmó la respuesta de Krickitt tanto como a mí. Desde su punto de vista, todavía era mucho más probable que muriera.

Poco después, los padres de Krickitt y su hermano Jamey llegaron desde Phoenix. Como muchos otros, habían pasado las horas agonizantes de la noche anterior llorando y orando por un milagro. Pero cuando llegaron, Gus y Mary Pappas permanecieron increíblemente calmos, incluso al ver a su hija cubierta de tubos y cables, con el rostro desfigurado y casi irreconocible.

Por fin, llegó mi hermano Kelly. Había sido sensato y esperó a que el sol descongelara la ruta antes de viajar desde Roswell. El círculo familiar estaba completo.

Como suele suceder, las horas de visita en la sala de cuidados intensivos eran sumamente limitadas. Solo los familiares inmediatos podían entrar, de a media hora a la vez. Sin embargo, los doctores nos dejaban entrar y salir como quisiéramos. Si hubiéramos podido pensar con claridad, nos habríamos preguntado por qué. No sabíamos que los doctores de Krickitt habían instruido al personal que dejara entrar a cualquiera en cualquier momento, porque en pocas horas moriría.

Ese día, los médicos dedicaron mucho tiempo a explicarnos la situación de Krickitt. Nos comunicaron que había dos problemas graves, y uno empeoraba el otro. El primero y más peligroso era la inflamación en el cerebro, que restringía el flujo de sangre a las neuronas y las privaba de los nutrientes y el oxígeno que normalmente les llevaba. El segundo era que la presión sanguínea estaba peligrosamente baja. Aun sin ninguna otra complicación, la presión baja habría reducido el flujo sanguíneo a los órganos, en especial al cerebro, y terminaría dañándolo por falta de oxígeno. En resumen, la inflamación más la baja presión sanguínea constituían una doble amenaza. No necesitamos que nos explicaran que los vasos sanguíneos contraídos y un flujo sanguíneo débil eran una combinación letal.

Como Krickitt ya había resistido tanto, los doctores estaban empezando a considerar que sobreviviera después de todo, a pesar de tantos indicios en contra. Más temprano esa mañana, habíamos tenido una señal de que no estaba paralizada, porque movió los dedos de las manos y los pies. Aun así, según los doctores, cada minuto que el cerebro no recibía suficiente oxígeno aumentaba la posibilidad de un daño cerebral permanente. La presión en el cerebro se había reducido temporalmente, pero volvió a dispararse sin aviso. Estimaban que la inflamación tardaría entre 24 y 48 horas en volver a bajar, y así se restauraría por completo el suministro de oxígeno. Para entonces, si es que seguía viva, mi esposa estaría en un estado vegetativo permanente.

Habíamos aprendido a interpretar los distintos monitores de la habitación, y pasamos el resto del día mirando cómo los números subían y bajaban. Aunque sabíamos lo que significaban, no podíamos hacer nada por Krickitt. Meras cifras en una pantalla eran indicadores de vida o de muerte, y lo único que podíamos hacer era sentarnos a mirarlas cambiar, con la esperanza de que fueran en la dirección correcta.

Debido a la tensión y el drama de las 24 horas anteriores, nos costó recordar que en realidad sí había algo que podíamos hacer. Habíamos olvidado que solo una oración nos separa de un milagro. Todos sabíamos que no siempre obtenemos la respuesta que queremos, pero ni siquiera habíamos hecho el esfuerzo de pedirle a Dios de manera organizada lo que anhelábamos.

Pronto, Jamey, Mary y Gus, Curtis y Wendy Jones, junto con otros amigos y yo, encontramos la capilla del hospital. Jamey, que trabajaba en Cruzada Estudiantil para Cristo, en la Universidad de California en Irvine, comenzó la improvisada reunión de oración. «Dios, nos prometiste que si acudíamos a ti en oración, nos escucharías y concederías nuestro ruego. Te pedimos que toques a Krickitt con tu mano sanadora para que la presión en el cerebro disminuya...» Oramos específicamente por eso. Pedimos un milagro: que Dios aliviara la presión cerebral a tiempo para salvarla.

Resultó ser que otros también estaban orando por Krickitt. Su amiga Lisa llamó a viejas amigas de la universidad y compañeras de trabajo de California, y les pidió que dedicaran el tiempo de Acción de Gracias para orar por su amiga. Gretchen, la esposa de Jamey, que estaba esperando un bebé y no podía acompañarnos por órdenes médicas, llamó a varios miembros del personal de la Cruzada Estudiantil y les pidió que oraran por un milagro de sanidad. Ellos llamaron a otros, que a su vez siguieron llamando, y al finalizar el día, hasta gente en Rusia estaba orando por Krickitt.

Oramos durante unos 20 minutos y volvimos a la UCI. Mis ojos fueron automáticamente a los números en los monitores que habíamos mirado tantas horas. Estaban mejor. La presión en el cerebro de Krickitt comenzaba a disminuir, y así siguió. Las enfermeras salían y entraban a cada rato, y al final, una de ellas llamó a un doctor porque temía que el sensor del monitor se hubiera desacomodado. No creía que los números fueran acertados. El doctor lo revisó, pero estaba bien. Sin embargo, aunque la presión cerebral seguía disminuyendo, la presión sanguínea seguía peligrosamente baja.

Habíamos recibido llamadas y visitas todo el día; la gente quería saber cómo seguía Krickitt. Poco después de regresar de la capilla, llegó nuestro pastor, Fred Maldonado. Le contamos lo que había sucedido, y nos llevó otra vez a orar para que la presión sanguínea de Krickitt subiera.

Cuando volvimos a la habitación, vimos que la presión se estaba estabilizando. Cuando entró una enfermera y vio lo que marcaba el monitor, quedó boquiabierta. Me miró y señaló el informe. Durante un momento, se quedó sin palabras.

«Mira la presión», dijo por fin. *Estábamos* mirando. Era imposible sacar los ojos del monitor. Iba derecho al rango normal.

Con el pasar de las horas, Krickitt comenzó a estar cada vez más alerta. Sus signos vitales se acercaban a la normalidad, y se hizo evidente que recuperaría al menos algunas de sus funciones básicas.

En los días siguientes, me esforcé por descansar y recuperar mis fuerzas. Todavía no podía pararme derecho por las heridas en las costillas y la espalda, pero varias veces al día, iba lentamente hasta la habitación de Krickitt. Ella seguía mejorando, y el lunes siguiente al Día de Acción de Gracias, cinco días después del accidente, la trasladaron de la UCI a terapia intermedia y le quitaron el respirador.

Aunque de vez en cuando, Krickitt recuperaba algo de conciencia, todavía estaba teóricamente en coma. Entre las muchas cosas que aprendí esos días, me sorprendió descubrir que hay quince niveles de coma en la escala en que la habían clasificado, y en los menos graves, el paciente está lo suficientemente consciente como para moverse y hablar un poco. Ese era el caso de Krickitt. Dormía la mayor parte del día, pero como le habían quitado los tubos del respirador, sabía que había una posibilidad de que hablara. Estaba desesperado por oír su voz desde que había gritado llamándola luego del choque. Muchísimas veces había pensado que jamás volvería a escucharla. Tenía tantos deseos de oírla que hasta había soñado que me hablaba.

Con el permiso del doctor, le estaba dando trocitos de hielo. Cuando tocaba sus labios con un pedacito de hielo, lo comía de mis dedos. Ya no los tenía tan violetas. Estaban sumamente pálidos y secos, pero podía sentir su calidez y el susurro de su respiración en mi piel.

Luego de darle varios trocitos, acerqué mi rostro al de ella.

—Te amo, Krickitt —susurré.

—Yo también te amo.

¡No podía creerlo! Mi esposa no solo había hablado, sino que había pronunciado las palabras que más quería oír. Mi Krickitt había vuelto. Con solo escuchar esas palabras, supe que todo estaría bien.

# 4 UNA LECCIÓN SOBRE EL DOLOR

Los doctores pensaron que la declaración de amor de Krickitt era una mera respuesta refleja. Afirmaron que tal vez no comprendía lo que ambos habíamos dicho; simplemente, su cerebro sabía que «yo también te amo» era la respuesta predeterminada a «te amo». Desde un punto de vista médico, sabía que era verdad, pero como hombre desesperado por recuperar a su esposa, esas palabras me infundieron esperanza. Eran un paso más en el camino de regreso, aunque todavía no había manera de saber cuánto se recuperaría.

En las contadas oportunidades en que Krickitt abría los ojos, tenía la mirada congelada, como una muñeca. Miraba todo sin un atisbo de reconocimiento, y era evidente que estaba completamente ajena a lo que sucedía. Parte de la solución a corto plazo para su recuperación terminó siendo sumamente sencilla. Al preguntarnos por su falta de concentración, a su papá se le ocurrió que probablemente no veía bien. Le habían quitado los lentes de contacto luego del accidente, y nadie se había dado cuenta de ponerle sus anteojos. Cuando lo hicimos, vimos una diferencia inmediata. Mientras estaba despierta, se mostraba mucho más consciente de lo que la rodeaba. Lo primero que notó fue un plato de gelatina al otro lado de la habitación, y esto la reanimó. También me llenó de alegría que comenzara a concentrarse más en mí cuando le hablaba. Era una pequeña victoria que nos acercaría al día en que recuperara a mi Krickitt.

Pronto comenzó a sentarse, luego a pararse y a dar algunos pasos arrastrando los pies por la habitación, conmigo a un lado y un auxiliar al otro. Sin embargo, incluso con ayuda, le resultaba casi imposible levantar los pies del suelo. Arrastraba el pie derecho, y tenía la muñeca doblada hacia arriba. Evidentemente, tenía daño neurológico. Era difícil ver cómo una gimnasta consumada luchaba tanto para colocar un pie delante del otro. Pero que pudiera moverse, aunque fuera un poco, era señal de que posiblemente recuperaría el equilibrio y la coordinación como para volver a caminar sola algún día.

Sabía caminar; sencillamente, todavía no tenía fuerza para hacerlo.

A medida que Krickitt daba pasitos con mucho esfuerzo, yo la alentaba. Cuando le hablaba, me miraba. «Te amo, Krickitt», le afirmaba mirándola a los ojos.

«Yo también te amo», me contestaba una y otra vez, sin inflexión alguna en la voz ni expresión en el rostro. Siempre esperaba ver u oír a mi Krickitt, pero todavía no estaba allí.

Poco después, le permitieron comer flan y otros alimentos blandos. Como todavía no podía comer sola, la alimentaba mientras se sentaba apoyada en la cama. A veces, me miraba a mí o a la comida, pero la mayor parte del tiempo, tenía la mirada perdida, fija en la pared.

---

El próximo paso para Krickitt sería un programa de rehabilitación. Los doctores habían considerado varias opciones para enviarla a realizar el largo proceso de restaurar su cuerpo y su mente al estado anterior al accidente, o al menos, lo más cerca posible. Rehabilitar personas con daño cerebral a su máximo potencial implica un proceso intenso, sumamente especializado y costoso, y los doctores querían asegurarse de que Krickitt fuera al mejor lugar para alguien en su condición. La buena noticia era que uno de los mejores lugares, el

Instituto de Neurología Barrow, se encontraba en el Hospital St. Joseph en Phoenix. Como los padres de Krickitt vivían allí, era ideal. No obstante, una mala noticia nubló la primera. Nos dijeron que nuestro proveedor de seguro médico probablemente no permitiera que Krickitt se rehabilitara fuera de Nuevo México.

Como a cualquier hombre, me indignó que mi esposa no obtuviera el mejor cuidado médico posible. Consideré que era una norma ridícula de atención médica. «Está bien —contesté—. Entonces que paguen para que sus padres y yo nos mudemos a Albuquerque, y que se hagan cargo del alquiler mientras estamos allí». Nuestra asistente social probablemente haya sido mucho más diplomática con la compañía de seguros que yo, porque a pesar de las escasas probabilidades, nuestro proveedor nos dio permiso para salir del estado.

Por desgracia, pronto descubrimos que no podríamos inscribir a Krickitt en Barrow. En cambio, se arregló su traslado a un programa de rehabilitación para heridas en la cabeza llamado *Rehab Without Walls* [Rehabilitación sin barreras], en Mesa, Arizona. Los fundadores del programa eran médicos que habían trabajado en Barrow, así que, sabíamos que era bueno, pero no lo que esperábamos ni la respuesta a nuestra oración. Sin embargo, diez días después del accidente, partimos con mi esposa y dos auxiliares médicos rumbo a Mesa en una ambulancia aérea.

Cuando llegamos, la persona que nos recibió del helicóptero nos preguntó por qué habíamos aterrizado allí, ya que estaba a una hora del hospital. Nos explicó que sus instrucciones eran llevarnos a Barrow en Phoenix. Aclaramos que aterrizamos en Mesa porque íbamos a *Rehab Without Walls*. Luego de varias llamadas telefónicas, por fin descubrimos que mientras estábamos en el aire, alguien comprendió que *Rehab Without Walls* no era el lugar adecuado para Krickitt. En primer lugar, era una instalación ambulatoria, y ella todavía necesitaba estar hospitalizada. Además, estaba diseñado para pacientes mucho más avanzados en su recuperación o que no tenían heridas tan graves como las de Krickitt. Cuando se descubrió el problema, *Rehab Without Walls* llamó a Barrow y explicó que Krickitt ya iba camino a Arizona y que necesitaba atención más especializada. El personal de Barrow comprendió la situación y la aceptaron de inmediato.

Llegamos al Instituto de Neurología Barrow a la noche, y enseguida conocimos al jefe de neuropsicología. Habíamos llevado toda clase de radiografías, tomografías y demás informes, pero el doctor nos explicó que tenían que hacer sus propios estudios, y que comenzarían de inmediato.

Luego de la batería de estudios, acomodamos a Krickitt en su habitación. Poco después, entró otro doctor. Se presentó como el adjunto del Dr. Singh. Nos explicó que el Dr. Singh sería el médico de Krickitt y que lo conoceríamos el lunes próximo por la mañana. Como era viernes, tendríamos el fin de semana para acostumbrarnos al lugar antes de que Krickitt comenzara la terapia el lunes. Aunque un centro de rehabilitación era el último lugar donde imaginaba estar durante meses luego de mi boda, me sentía bien allí. Evidentemente, Dios había obrado detrás de escena para que Krickitt obtuviera la mejor atención posible.

Aunque Barrow era un establecimiento especializado, las habitaciones eran típicas de un hospital: muebles sencillos y paredes de un color tostado claro. El cuarto de Krickitt estaba directamente abajo del helipuerto, así que, a menudo nos molestaba el sonido de helicópteros que iban y venían. Además, en la habitación de al lado había una mujer a la que llamaban «la quejosa», porque gemía durante horas y horas. Pero a pesar del ruido que nos rodeaba, también teníamos momentos de paz. La habitación tenía una ventana que miraba a un patio lleno de canteros florales que bordeaban caminos. Todavía no había flores en la primera semana de diciembre, pero me gustaba pensar que algún día podríamos caminar allí con Krickitt. Ya había superado tanto, y ahora estaba bajo el mejor de los cuidados. Imaginaba que pronto podríamos estar ahí afuera mirando las flores y hablando de volver a nuestro departamento y nuestra vida en Nuevo México.

Durante la estadía de Krickitt en Barrow, pude conocer a otros pacientes en las habitaciones aledañas. Se encontraban en distintas etapas de su recuperación, y era bueno ver el progreso de los demás. Me daba esperanza para Krickitt. Algunos habían estado en accidentes automovilísticos como ella, mientras que otros habían tenido apoplejías o aneurismas.

El primer día, una enfermera y yo la llevamos a recorrer otra parte del hospital. La condujimos en silla de ruedas a almorzar en la cafetería de los pacientes. Sin embargo, todavía no estaba preparada para ver a otros con enfermedades neurológicas debilitantes. Percibí su temor apenas entramos. «Estás asustada», afirmé casi en forma involuntaria, sin saber si lo había pensado o lo había pronunciado en voz alta.

«Sí», respondió Krickitt con una voz todavía algo áspera luego de cinco días con el tubo del respirador en la garganta. Me sorprendió que la escena hubiera penetrado su estado de conciencia nebulosa. No esperaba que me respondiera, y sentí una ola de alegría a pesar de la tensión que sabía que experimentaba. Volvimos a la habitación, y siguió almorzando allí hasta poder ir al comedor normal. Nuestro doctor aprobó de buena gana ese plan, ya que no quería que Krickitt tuviera el permanente recordatorio de los posibles efectos negativos en la gente con lesiones cerebrales. En realidad, él (y yo) queríamos que recobrara la fuerza y se concentrara en mejorar cada día.

Aunque tuvo una reacción negativa en el comedor, el gusto de la comida era uno de los pocos placeres que Krickitt podía apreciar. La hora de comer se transformó en un placer para los dos. Ella disfrutaba la comida, y a mí me encantaban esos momentos porque estaba más animada. Poco después, comenzó a comer sola. Mientras pasábamos ese tiempo juntos, empezó a hablar más y más, y parecía conectarse más conmigo durante nuestras conversaciones.

Durante ese primer fin de semana en Barrow, nos enteramos de cómo sería su programa diario. Comenzaría el día con terapia ocupacional, donde volvería a aprender habilidades personales como bañarse y vestirse. A continuación, estaría con un fonoaudiólogo, que identificaría cualquier incapacidad relacionada con el habla causada por el accidente y le enseñaría a superarla. Su tercera sesión diaria sería la terapia física. Allí trabajaría en la coordinación óculo-manual, el equilibrio y la motricidad. Por último, tendría un descanso para almorzar. Luego, pasaría la tarde realizando tareas domésticas como cocinar, aspirar y hacer una cama.

Era difícil creer que Krickitt tuviera una ocupada agenda

tan rápido. Después de todo, en teoría, todavía se encontraba en coma. Es más, recién unos meses después del accidente, los médicos considerarían que había salido de su «cuadro de coma». Cuando apenas llegamos a Barrow, menos de dos semanas después del accidente, solo estaba despierta unas pocas horas al día y terriblemente desorientada. La primera noche, se despertó, intentó ir al baño sola y terminó atascada con la baranda de la cama que habíamos levantado para protegerla. De allí en más, todas las noches alguien dormía en la habitación con ella. Esa tarea solía tocarle a su madre porque yo aún no estaba en buena condición física.

Como Krickitt todavía dormía más de 20 horas al día y no podía mantener una conversación durante más de uno o dos minutos, no estaba seguro de cómo sería su primer día oficial de terapia. Ese primer lunes por la mañana, cuando iba a conocer al Dr. Singh, fui a su habitación temprano porque tenía un plan para prepararla. Mi intención era poder despertarla con suavidad y ayudarla a prepararse para el gran día que la esperaba. Intenté hablarle y acariciarle el rostro, pero no obtuve respuesta. Luego, le sacudí el hombro, pero apenas se retorció en forma refleja.

En ese momento, entró el Dr. Raj Singh, vestido como si acabara de salir de una revista de moda. No era para nada como yo esperaba; no tenía una bata de laboratorio blanca ni un estetoscopio, ni mostraba una distancia clínica. Me dio un reconfortante apretón de manos, se acercó a la cabecera de la cama y se reclinó sobre Krickitt. Yo había hecho lo posible para despertarla con cuidado, pero el doctor tenía otro plan.

«Tienes que despertarte», anunció el doctor con firmeza. Una vez más, Krickitt no respondió.

«Tienes que despertarte», repitió con exactamente la misma inflexión. Nada.

Entonces, el Dr. Singh hizo algo que yo ni hubiera soñado intentar. Se estiró y le dio un fuerte pellizco en el cuello cubierto por la bata del hospital. Krickitt abrió los ojos de repente y gritó: «¡Déjame en paz!», junto con un selecto improperio. Me horrorizó escuchar semejante palabra de la boca de mi esposa.

No obstante, la estrategia funcionó, porque el Dr. Singh tuvo entonces toda la atención de Krickitt. Le pidió que agitara la mano derecha. Así lo hizo. Luego, que moviera el pie izquierdo, y lo hizo. El Dr. Singh esbozó una gran sonrisa. «Le irá bien», dijo con seguridad. Minutos después, Krickitt ya había comenzado su primera sesión de terapia ocupacional.

A veces, era difícil recordar que ella no había sido la única herida en el accidente… yo también. Mientras estábamos en

Gallup y Albuquerque, había entrado y salido del hospital como paciente seis veces, pero nunca me habían internado formalmente porque no soportaba estar lejos de mi esposa. Pensaba en ella cada minuto del día. Me aterraba pensar que muriera mientras yo no estaba, aunque mejoraba poco a poco. Incluso cuando lograba dormir unos minutos, nunca podía relajarme porque estaba tremendamente preocupado por ella.

Sin embargo, mis huesos rotos estaban soldando, y los cirujanos de Albuquerque me habían cosido la oreja y la nariz. Por más sorprendente que pareciera, en pocos meses nadie se daría cuenta de lo que me había pasado. Pero mi espalda era otra historia, ya que me dolía constantemente. Aunque los cortes producidos por el techo corredizo estaban sanando, los nervios de la columna me causaban dolores punzantes hacia arriba y abajo. Nunca sabía cuándo aparecerían ni cuánto durarían. Tomaba calmantes fuertes para poder terminar el día.

Cuando pensaba en el accidente, no podía creer que estuviéramos vivos. Mis padres habían ido al lugar del choque en Gallup para ver si encontraban mi billetera y lo que quedaba del auto. Nuestro Escort nuevo estaba completamente aplastado, y el interior, cubierto de manchas de sangre y cabellos. Parecía que nadie hubiera podido sobrevivir a semejante accidente, pero asombrosamente, los tres vivimos.

Cuando Krickitt comenzó a recuperarse, pude concentrarme un poco más en llenar los formularios del seguro y organizar los trámites médicos que habían empezado a acumularse. Durante los primeros días en Barrow, cuando Krickitt todavía estaba en coma, nos había llamado uno de los proveedores de equipos de emergencia. Para mi consternación, ya querían saber cuándo les enviaríamos su cheque. No me había dado cuenta de que la presión financiera comenzaría tan rápido.

En medio de toda la tensión y la incertidumbre, empezaba a preguntarme si podría conservar la calma. No sabíamos el nivel de daño cerebral de mi esposa, yo estaba constantemente dolorido y preocupado, y ya me presionaban para comenzar a pagar las astronómicas cuentas médicas. ¿Qué haría?

A veces, olvidaba por un momento la enormidad de la situación cuando recordaba los pocos momentos felices o graciosos de las últimas tres semanas. Pero luego, comenzaba a pensar en Krickitt, acostada en la oscuridad en la cama del hospital. La imaginaba dormida, respirando lentamente. ¿Acaso uno de esos sería su último aliento? Sabía que estaba mejorando, pero ¿y si tenía una recaída? ¿Y si los médicos no habían descubierto alguna herida grave que la matara en un abrir y cerrar de ojos?

Entonces, imaginaba cómo sería mi esposa cuando terminara

la rehabilitación. Ni siquiera habíamos estado casados tres meses… menos de una estación del año. Nuestra ceremonia de bodas y la luna de miel habían sido fantásticas. Luego, nos habíamos mudado a nuestro departamento en Nuevo México, habíamos desempacado y comenzado a trabajar. Eso era todo: el resumen de nuestra vida de casados. *¿Krickitt volverá a ser la misma persona con quien me casé?*, me preguntaba. *¿Se recuperará lo suficiente como para poder trabajar? ¿Podrá tener hijos?*

Todos estos pensamientos me daban vueltas en la cabeza noche tras noche, mientras la oscuridad iba perdiendo intensidad y, por fin, los colores del día aparecían. Entonces me levantaba, me vestía y comenzaba otro día en Barrow.

Quería quedarme en Phoenix durante toda la rehabilitación de Krickitt, así que, me había mudado a la casa de sus padres apenas llegamos a Arizona. No sabía cuánto estaría allí. Durante las primeras semanas, casi ni pensé en mi trabajo ni en las responsabilidades que había dejado en Las Vegas.

Gilbert Sanchez, presidente de la Universidad Highlands en Nuevo México, había intentado llamarme al hospital en Albuquerque, mientras me encontraba en la sala de emergencias. Por fin, pudo contactarme poco después de que llegué a

Phoenix. Le dije lo que pude sobre nuestra situación. Todavía había mucho que no sabíamos, y le expliqué que no tenía idea de cuándo podría volver a Nuevo México y a mi trabajo. Luego del feriado navideño, mi equipo tendría que empezar a entrenar y a ponerse en forma, y también había otras responsabilidades en el departamento de deportes, que yo (o alguien) tenía que abordar. Sabía que tendría que contactar a alguien de la universidad para informar sobre lo que sucedía, e intentar encontrar un reemplazante durante mi ausencia, pero no había tenido ni el tiempo ni la energía para hacerlo. Sentía que había abandonado a mi equipo y a mi jefe en medio de mi tragedia.

Gilbert reaccionó con la generosidad y la practicidad que lo caracterizaban. «Tómate todo el tiempo que necesites —me dijo por teléfono—. Siempre tendrás trabajo aquí. Obtendremos toda la ayuda posible para el departamento hasta que vuelvas». También me hizo prometerle que lo mantendría al tanto de la condición de Krickitt.

Nuestros amigos de Highlands ya nos estaban ayudando también, sin siquiera pedírselo. Mi amigo Mike recogía nuestro correo y me lo reenviaba a Phoenix. Algunas de las animadoras deportivas se habían mudado por un tiempo a nuestro departamento para cuidar el lugar. Y cuando el propietario se enteró del accidente, me avisó que no me preocupara por el alquiler. Si podía, le pagaría más adelante, y si no podía, no habría problema. Me asombraron su generosidad y su bondad.

Algunos amigos de Krickitt habían ido a visitarla mientras estábamos en Albuquerque. Cuando la trasladaron a Phoenix, otros viejos amigos vinieron de visita y decoraron su habitación con luces navideñas y un arbolito.

Sus antiguas compañeras de habitación, Lisa y Megan, no pudieron dejar California para visitarla hasta que la trasladaron a Phoenix. Cuando vinieron, el aspecto de Krickitt era mucho mejor del que tenía en la UCI de Albuquerque, pero todavía no había vuelto a la normalidad por completo. Sin embargo, como había mejorado tanto desde el accidente, y como yo la veía todos los días, no se me ocurrió que a alguien que no la veía desde antes del choque le impresionaría su apariencia. Por lo tanto, no preparé a Lisa ni a Megan para ver a Krickitt con la cabeza parcialmente afeitada, su mirada vacía y el aspecto general de una persona que estuvo en coma tres semanas. Cuando llegaron, Lisa fue con ansias a la habitación a ver a su amiga. La miró con detenimiento y comenzó a temblar. Abrió la boca, pero no podía hablar. Rápidamente, la llevé a un cuarto privado para la familia al final del pasillo. Lloramos un rato juntos, antes de que Lisa pudiera volver a la habitación.

Como todos los amigos atentos que fueron a vernos, Lisa y Megan parecían visitantes de otro planeta. Venían de un mundo donde la gente se levantaba, desayunaba, iba a trabajar, miraba televisión, comía en restaurantes, leía revistas, cuidaba el jardín y hacía todas las demás tareas cotidianas de la vida sin siquiera darles importancia. Yo estaba sumergido en un mundo de doctores, comida de hospital y terapia; vivía con mis suegros, lidiaba con las agencias de cobro y las cuentas médicas, llamaba a nuestra compañía de seguros y pasaba todo el tiempo posible con Krickitt. Mi trabajo, mi equipo, mis amigos y mi vida de casado formaban parte de un sueño lejano.

―――――

Luego de poco tiempo en terapia, Krickitt comenzó a mejorar en forma evidente. Cada mañana, parecía más fuerte, más alerta y más comunicativa. La inquietante mirada vacía prácticamente había desaparecido, y empezaba a interactuar con mayor naturalidad.

No obstante, los terapeutas todavía tenían mucho cuidado. La hacían trasladar con suavidad, caminar con un arnés y resolver rompecabezas sencillos. Cuando comenzó a comprender las conversaciones y a responder preguntas, los doctores empezaron a evaluar su memoria y otras habilidades mentales. Al principio, contestaba como una niña. Usaba palabras de una o dos sílabas luego de largas pausas. Tenía que concentrarse mucho en lo que quería decir, y modular lentamente y con cuidado, como si las palabras le resultaran extrañas. Aun así, mejoraba cada día.

No me sorprendió que pocos días después de salir de los niveles más profundos de la escala del coma, Krickitt quisiera escribir en su diario. Despacio y con esfuerzo, dictaba las palabras a su amiga Julie, que las escribía. «Estoy muy bien. A veces, la terapia es sumamente confusa. Extraño ir al estudio bíblico y las reuniones en la iglesia, pero así son las cosas. El Señor nos enseña constantemente. Sé que me lleva en sus manos y allí me siento segura. Me encanta ver cómo obra en mi vida y sé que a su tiempo, me usará».

Mi esposa quizás estaba confundida, tal vez había perdido algo de memoria, pero no había olvidado a su Dios. Sabía que Él tenía el control, que estaba obrando en su vida y que la usaría oportunamente para hacer Su obra.

Poco después, me encontré sentado junto a Krickitt, mientras ella hablaba con un terapeuta que la sondeaba con cuidado para ver qué recordaba. Su «te amo» había sido la primera señal de que, poco a poco, todo iba normalizándose. Sus palabras sobre Dios eran otra señal. Ahora yo estaba listo para pruebas más contundentes. Quería recuperar a mi esposa.

—Krickitt —comenzó el terapeuta con una voz reconfortante—. ¿Sabes adónde estás?

Krickitt pensó un momento antes de responder.

—En Phoenix.

—Así es, Krickitt. ¿Sabes qué año es?

—1965.

*Nació en 1969*, pensé al borde del pánico. *Bueno, un pequeño contratiempo, nada para preocuparse*, intenté convencerme.

—¿Quién es el presidente, Krickitt?

—Nixon.

*Bueno, ese era el presidente cuando nació*, justifiqué.

—Krickitt, ¿cómo se llama tu madre? —siguió el terapeuta.

—Mary —contestó sin vacilación… ni expresión alguna. *Ahora estamos avanzando. ¡Gracias, Dios!*

—Excelente, Krickitt. ¿Y cómo se llama tu padre?

—Gus.

—Así es. Muy bien. —Hizo una pausa antes de continuar. —Krickitt, ¿quién es tu esposo?

Krickitt me miró con ojos inexpresivos. Volvió la mirada al terapeuta sin contestar.

—Krickitt, ¿quién es tu esposo?

Sus ojos volvieron a posarse en mí y luego en el terapeuta. Estaba seguro de que todos podían escuchar los fuertes latidos de mi corazón mientras esperaba en silencio y con desesperación la respuesta de mi esposa.

—No estoy casada.

*¡No! ¡Por favor, Dios!*

El terapeuta intentó otra vez. —Krickitt, sí estás casada. ¿Quién es tu esposo?

Arrugó la frente. —¿Todd? —preguntó.

*¿Su antiguo novio de California? ¡Ayúdala a recordar, Señor!*

—Krickitt, piensa por favor. ¿Quién es tu esposo?

—Ya le dije. No estoy casada.

# 5 AVANCES

Cuando Krickitt declaró con tanta seguridad que era soltera, sentí que me clavaban un cuchillo en el pecho. La miré a los ojos, orando para ver, al menos, un indicio de que me reconocía. Me contempló como si estuviera viendo a un extraño. Hasta entonces, esperaba que en cierto modo, supiera que era su esposo. Después de todo, había estado con ella durante la mayor parte de sus momentos de conciencia desde el accidente. Me reconocía cuando entraba a la habitación y me respondía cuando le hablaba. Pero me di cuenta de que hacía lo mismo con el personal médico. Para mi esposa, era una persona más que la ayudaba a recuperase. Por fin, comprendí que no tenía ni la menor idea de quién era. Salí tambaleándome de la habitación al pasillo, y golpeé la pared con el puño. Ni siquiera el dolor lacerante de mi mano quebrada (todavía enyesada) superaba mi ira.

La intensidad de mi reacción se desvaneció rápidamente. Agotado y vencido, volví a entrar a la habitación y me paré junto a su cama. Me miró sin enojo ni curiosidad. Simplemente, parecía estar esperando que le hablara, como siempre lo hacía. Abrí la boca, pero no encontré las palabras.

El neuropsicólogo de Krickitt en Barrow, el Dr. Kevin Obrien, me explicó el diagnóstico de mi esposa de la manera más alentadora posible. Me informó que el accidente le había producido dos clases de amnesia. La primera, una amnesia postraumática, era una confusión temporal sobre dónde estaba y lo que sucedía a su alrededor. Eso ya estaba desapareciendo, y pronto se iría por completo.

La segunda clase era más desalentadora, al menos, para mí. Krickitt también sufría de amnesia retrógrada: una pérdida permanente de la memoria a corto plazo. Ya sabíamos que había recuperado la memoria sobre personas y sucesos de su pasado remoto. Recordaba a sus padres, a su hermano y a su cuñada. Se acordaba de su compañera Lisa. Incluso recordaba a su antiguo novio, Todd, lo cual no me gustaba para nada. Sin embargo, no lograba recordar nada del año y medio anterior. ¿Y qué guardaban esos meses? Nuestro primer encuentro, noviazgo, compromiso y boda, la luna de miel en Hawai y el comienzo de nuestra vida juntos en Las Vegas. No recordaba nada de eso; ni siquiera el accidente.

Durante los días siguientes, oré mucho por el futuro... *nuestro* futuro. Desde que había visto a los paramédicos ayudar a Krickitt mientras colgaba cabeza abajo en el auto, toda mi existencia había girado alrededor de recuperarla. En forma milagrosa, Dios había salvado su vida, y yo no veía la hora de volver adonde habíamos quedado y seguir construyendo un futuro juntos. Pero eso implicaba edificar sobre un pasado en común. De repente, el pasado no existía. Ahora no sabía cuándo mi esposa recuperaría la memoria, si es que lo hacía. Pero sabía que sin importar lo que sucediera, había hecho un voto, no solo frente a nuestros amigos y familiares, sino también ante Dios. Era el esposo de Krickitt, en la prosperidad y en la adversidad. Y esta era la peor adversidad que podía imaginar.

Durante mis noches de insomnio, mientras oraba y pensaba en cómo me adaptaría a esta nueva vida, se mezclaban el temor, el enojo y una infinita confusión. En mi cabeza desfilaba toda clase de preguntas. *¿Cómo será la vida desde ahora? ¿Qué clase de persona resultará ser Krickitt? ¿Siempre será distinta? ¿La joven con quien me casé estará ahí dentro o habrá desaparecido para siempre? ¿Cuándo sabremos que su recuperación terminó; que ya no mejorará más?* Me inundaban estos pensamientos.

No podía dormir, ni relajarme ni librarme del estrés. Aunque Krickitt todavía podía recuperar parte de su memoria, los doctores me dijeron que jamás recordaría algunas cosas. La pregunta más desesperante de todas era: *¿Acaso yo sería una de ellas?* Rápidamente, desestimé ese pensamiento. No soportaba considerar que quizás mi esposa jamás me recordara.

Pronto, Krickitt se acomodó en la rutina de la terapia, y vimos un progreso constante en su coordinación, su andar, su lenguaje y su razonamiento. Sin embargo, todo era un proceso. Por ejemplo, cuando comenzó a caminar sola, sacudía el pie derecho hacia delante y luego arrastraba el izquierdo. Poco a poco, el movimiento se volvió más suave y natural. Comenzó a vestirse y a comer sola, y a ocuparse de las necesidades básicas de la vida.

Durante las primeras semanas de rehabilitación, no parecía molestarle que yo estuviera cerca, pero me hablaba como a cualquier otro rostro familiar del centro de rehabilitación. Al principio, era cordial, incluso amistosa, pero nuestras interacciones no tenían profundidad ni dimensión. Eran conversaciones meramente superficiales.

Scott Madsen, el terapeuta físico de Krickitt, era un entrenador enérgico y con la capacidad especial de alentar a

Krickitt y Kristi Pinnick eran
gimnastas en el Desert Devils
Gymnastics Club. Krickitt avanzó
y recibió una beca completa en
California State Fullerton.

Mi fotografía oficial como el
entrenador Kim Carpenter de
los Cowboys de Highlands.
Krickitt opinaba que yo parecía
un niñito con el uniforme.

Con ayuda de sus compañeras, entré a hurtadillas y
debajo del balcón del apartamento, sorprendí a Krickitt
y le propuse matrimonio.

Nuestra foto de compromiso. Los atuendos a juego
recuerdan nuestro primer encuentro: por teléfono,
mientras hablábamos de un pedido de chaquetas
deportivas.

El Sr. y la Sra. Carpenter,
18 de septiembre de 1993

La fiesta de bodas. Algunos de estos familiares y amigos pronto jugarían un papel completamente impensado en nuestras vidas.

La primera luna de miel en Maui. Krickitt jamás la recordará; yo nunca la olvidaré.

Lo que quedó de nuestro automóvil luego del choque, la noche anterior al Día de Acción de Gracias de 1993. Este ángulo muestra el destrozado compartimento del conductor, y el techo corredizo que me rebanó la espalda.

Este ángulo muestra cómo los rescatistas cortaron el techo y la puerta para sacar a Krickitt. El auto aterrizó «patas arriba», y ella quedó colgada de su cinturón de seguridad durante más de media hora.

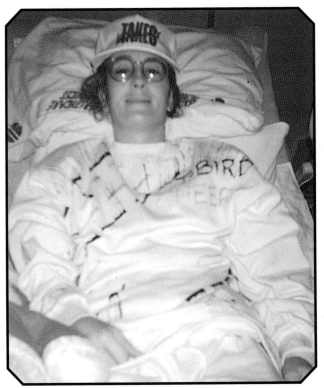

Krickitt en el Centro Neurológico Barrow en Fénix, Navidad de 1993. Era un milagro que estuviera viva. En este momento, no sabíamos qué grado de recuperación esperar.

Krickitt, su cuñada Gretchen, y su hermano Jamey, en Barrow, enero de 1994. Jamey y Gretchen proporcionaron un importante apoyo espiritual durante la rehabilitación.

Krickitt con su madre, Mary Pappas, unos dos meses después del accidente. Krickitt ya estaba en el programa de pacientes ambulatorios.

Krickitt y yo en el patio de Barrow con mis padres, Danny y Mo Carpenter.

Scott Madsen, el fisioterapeuta de Krickitt, se transformó en un verdadero amigo que me ayudó a mantener la perspectiva durante los contratiempos inevitables de la terapia de mi esposa.

Payaseando e intentando volver a conocernos. Febrero de 1994.

Haciendo senderismo el verano siguiente al choque. Detrás de las sonrisas, nuestra relación se venía abajo. El divorcio nunca fue una opción, pero a veces pensamos que no podríamos seguir viviendo bajo el mismo techo.

Krickitt y su familia en el centro de rehabilitación del Hospital Regional Noreste donde trabajaba antes del accidente, y donde volvió a trabajar en el verano del '94. Al frente: Gretchen, Grace y Jamey. Atrás: Krickitt con sus padres y yo.

Construyendo nuevos recuerdos.

Conociéndonos nuevamente mientras visitábamos a los padres de Krickitt en Fénix.

Nuestra segunda ceremonia de bodas, el 25 de mayo de 1996, en una remota capilla alpina en Nuevo México. Ni siquiera había electricidad, pero la vista era increíble.

Habíamos acordado usar los anillos de la primera boda en la segunda ceremonia, pero en secreto, los dos compramos un segundo anillo para el otro. Así que había cuatro anillos para colocar.

En la segunda fiesta de bodas, mirando hacia la multitud de reporteros y fotógrafos del *London Times, Inside Edition,* la revista *People, Day and Date* y otros medios. Nos hicimos famosos por permanecer fieles a nuestros votos matrimoniales.

En la fiesta luego de la segunda ceremonia. Tres individuos clave en nuestra historia: Scott Madsen, el terapeuta físico de Krickitt; Marcy Madsen, la terapeuta recreacional; y Bob Grothe, el enfermero aéreo.

El papá de Krickitt, Gus Pappas, junto a DJ Coombs, la paramédica que superó su propia claustrofobia para entrar al auto destrozado y tratar a Krickitt mientras seguía atrapada adentro.

Nuestra segunda luna de miel en Maui.

La segunda vez en Maui nos reconocían extraños por la calle, y una estación radial de California nos despertó a las cuatro de la mañana para entrevistarnos en vivo.

Detrás de escena en Nueva York, con los padres de Krickitt y Maury Povich.

Relajados en Arizona, en el hotel Miraval Resort, cortesía del programa televisivo *The Leeza Show*.

Disfrutando del gran milagro de Dios: una nueva vida juntos.

Nuestros anillos de boda. Para mí (Kim), mi anillo es especial. Está hecho del primer anillo y del que me dio Krickitt en nuestra segunda boda. Fundimos los dos y los convertimos en uno.

Kim y Krickitt abrazados en el patio.

Descansando en el patio trasero con los niños, Danny y LeeAnn.

En Aspen, saboreando yogur helado del sabor favorito de la familia.

En el paseo ribereño local de Farmington, Nuevo México. ¡Seguimos enamorados y siempre lo estaremos!

LeeAnn, papá, mamá y Danny, sentados en nuestro patio trasero.

Juntos en el paseo ribereño de nuestra ciudad, Farmington.

La familia, el fútbol americano, y las mascotas: Muffin, Joey,
Sugar y Fritzi.

sus pacientes a hacer cada día un poco más de lo que consideraban posible. Su plan para la terapia de mi esposa incluía tiempo en la cinta de andar, trabajo con pesas de mano y una serie de ejercicios para ayudarla a recuperar la mayor flexibilidad y fuerza posible.

Como entrenador, observaba el proceso de Scott con cuidado. Me parecía que la relación de un terapeuta físico con su paciente era similar a la mía con uno de mis jugadores de béisbol. Luego de una o dos semanas de observar la terapia, me pareció que Krickitt se aburría un poco con el proceso. Sinceramente, creía que él no le exigía lo suficiente. Estaba convencido de que Krickitt necesitaba una buena dosis de entrenamiento junto con la rehabilitación. Para mí, no se estaba esforzando lo suficiente. Necesitaba que alguien la impulsara a más.

Por fin, afirmé: «Scott, no le estás exigiendo suficiente. Krickitt no es tu típico paciente. Es una gimnasta profesional. Su cuerpo estaba en un excelente estado antes del accidente. Creo que tienes que exigirle un poco más».

A Scott también le pareció que Krickitt podía manejar un incremento de intensidad. Me alentó su respuesta, pero a ella no le gustaron las nuevas normas. Hacía pucheros y se quejaba porque Scott siempre le exigía más; nunca estaba satisfecho.

Aunque Scott demandaba más de ella que antes, el cambio

en su rutina no fue demasiado drástico. Estaba de acuerdo con mi evaluación, pero no tenía intención de desviarse de lo que consideraba mejor para su paciente. No obstante, Krickitt pensaba distinto. Actuaba como si la estuviera torturando. Y a medida que la terapia física se volvió más intensa, el ánimo de mi esposa cayó en picada.

Desde que Krickitt había comenzado a hablar otra vez, tenía una inesperada conducta infantil. La terapia no logró que ella cambiara; es más, esa conducta parecía haberse transformado en una parte permanente de su personalidad. Durante sus sesiones, experimentaba desenfrenados cambios de humor y hacía berrinches que hubieran enorgullecido a un niño pequeño. Cuando estaba enojada conmigo, me atacaba verbalmente en una explosión de mal genio. Su falta de sutileza y decoro denotaban una inmadurez infantil, y no tenía reparo en decirle a cualquiera exactamente lo que pensaba sobre su persona o sus sugerencias. Usaba insultos que ni hubiera soñado en articular un mes atrás. Era apenas una sombra de la Krickitt educada, agradable y sencilla del pasado.

Me dijeron que esas características eran comunes en personas con heridas como las de mi esposa. Se había dañado el lóbulo frontal del cerebro: la parte que controla la personalidad, los sentimientos y la voluntad. El lóbulo parietal también había sufrido, lo cual significaba que probablemente habría cambios permanentes en su lenguaje y en su capacidad de comprensión matemática. No solo su cuerpo sería diferente a partir de ahora, sino también su personalidad. Una vez más, hasta que alcanzara su límite de recuperación, nadie sabía cuánto mejoraría ni hasta qué grado volvería a ser como antes del accidente.

Aunque algunos aspectos de esta nueva personalidad eran preocupantes, los logros de su recuperación solían contrarrestar mis temores. A medida que la terapia avanzaba, Krickitt cada vez se fortalecía más. Era alentador, pero lo que más me entusiasmaba era su progreso mental. Comenzó a tener lo que se llama «recuerdos-destello» o «recuerdos fotográficos». Eran imágenes mentales de momentos específicos del año anterior, pero el problema era que no podía relacionarlas con nada de su vida anterior o posterior. Aun así, esos recuerdos me dieron esperanza. Sabía que podían ser la clave para recordar nuestra vida juntos, si yo aparecía en alguno. En uno de estos «fotogramas», estaba sentada al aire libre, rodeada de exuberantes plantas tropicales. Esa fotografía era de nuestra luna de miel, aunque por desgracia, yo no estaba en el marco de su «cámara» hawaiana. Pero me aferré a ese recuerdo porque era un eslabón más con su pasado perdido… nuestro pasado.

La parte más alentadora de la rehabilitación de Krickitt era que, de alguna manera, su fe en Dios estaba intacta. Tenía recuerdos de Dios, la iglesia y la Biblia, y esto fue evidente desde la primera entrada en su diario luego del accidente y por otros comentarios que hacía sobre lo que llamaba «esto del cristianismo». Por más confusa que se encontraba su mente, Krickitt había alabado a Dios y orado poco después de salir del coma. Aun así, temía que su fe no fuera tan firme como antes. Su hermano Jamey me tranquilizó con estas palabras: «El cristianismo de Krickitt es su esencia, Kim; es parte de su alma. Ninguna herida puede dañar el alma, porque es inmortal. Su fe siempre estará allí. Lo está ahora. Lo hemos visto. Dios la salvó para algún propósito maravilloso, y su fe está allí para cumplirlo».

El consejo, el aliento y el amor que recibí de Jamey y otros familiares me ayudaron a mantener la cordura, cuando tendría que haberme derrumbado. Así como Dios había salvado a mi esposa para algún propósito grande y desconocido, también me había rodeado de personas amorosas y comprensivas con quiénes hablar. Cuando eres un hombre (y en especial un entrenador), a menudo sientes que el mundo espera que aguantes y sigas adelante. Pero no podría haber resistido sin mis padres, mis hermanos, y la familia de Krickitt, que me ayudaron a llevar la carga. Me habría dado por vencido si hubiera intentado guardarme todo.

Krickitt recibió el año nuevo con un progreso constante y estable. Veíamos avances todas las semanas. Sus cambios de humor todavía eran descontrolados e impredecibles, y se quejaba porque Scott la presionaba a sobresalir en la terapia física. Sin embargo, cada día estaba más fuerte e independiente. Había comenzado a realizar caminatas cortas con miembros del personal, por el vecindario de Barrow. Le encantaban esas salidas, en especial, si le permitían ir al centro comercial próximo. Una herida casi fatal en el cerebro no había afectado su amor por los zapatos en oferta.

Tal vez parezca extraño que un esposo diga algo así, pero me entusiasmaba que quisiera ir de compras, ¡al menos durante la rehabilitación! Ante esa opción, Krickitt presionó para que la dejaran pasear más seguido, lo cual probablemente aceleró su recuperación. Pero como paciente internada, no le permitían salir del hospital sola.

Todos los pacientes de su área tenían pulseras de seguridad, y en la pared, junto a todas las puertas, había un teclado numérico. Cuando un paciente se acercaba a una puerta, debía esperar hasta que un miembro del personal ingresara un código. Si tenía una pulsera de seguridad y salía de la habitación sin que alguien marcara el código, sonaba una alarma.

Un día, mientras caminábamos por el pasillo con Krickitt

y una enfermera, nos detuvimos frente a una puerta para que la enfermera pudiera ingresar el código. Pero antes de que alcanzara el teclado, Krickitt levantó la mano rápidamente y presionó los números. Había aprendido el código al observar a las enfermeras. Como resultado, tuvieron que cambiar el código de seguridad de todo el pabellón. A pesar del inconveniente, nadie se enojó con Krickitt, porque esto reveló su progreso. Fue otra señal alentadora de su recuperación.

Yo buscaba en todas partes indicios de la vieja Krickitt. Sabía que si lograba que se dedicara de lleno al programa de rehabilitación, podría recuperarla. No llegaba a ella como esposo, así que, pensé que quizás podía hacerla reaccionar como entrenador. Entonces, intercambié identidades, comencé a asistir a las sesiones de terapia con Scott y los presionaba para que aumentaran el ritmo. Era como tener a la implacable entrenadora Jillian Michaels en la habitación. Si Scott le pedía 10 abdominales, yo quería 20; si le indicaba que caminara 5 minutos en la cinta, yo quería 10. Como era de esperar, a Krickitt no le gustó mi nueva función.

Una o dos semanas después de Año Nuevo, Krickitt y yo jugábamos al *wiffle ball*.[1] Le arrojaba la pelota en forma encubierta, y ella bateaba sin acertar ni una sola vez.

---

[1] Nota de la traductora: El *wiffle ball* es una variación del béisbol, diseñado para el juego de interior o al aire libre en áreas preparadas.

—Vamos, Krick —la instaba—. Sé que puedes pegarle. Intentémoslo otra vez.

—Estoy cansada —me respondía con un puchero. De repente, pude ver cómo habría sido mi esposa a los seis años.

—Unas pocas veces más —la alenté.

—No quiero. —Otra vez la niñita.

—¿Por favor? —Mientras lo decía, le arrojé la pelota una vez más. Frunció los labios y bateó con fuerza, dándole por fin a la pelota. La observamos volar hasta la cancha de voleibol cercana.

—¡Así se hace, Krick! ¡Muy bien! —grité con entusiasmo.

—Eres malo conmigo.

—No soy malo —le respondí—. Solo quiero ayudarte.

Por milésima vez, me esforcé por encontrar a la mujer de la que me había enamorado con locura. Sabía que estaba en ese cuerpo que se recuperaba lentamente y que luchaba por salir. Tenía que estar allí. No quería considerar lo contrario.

Las sesiones diarias de terapia se transformaron en un desafío para Krickitt. No es que fueran físicamente agotadoras, sino que se aburría y se distraía la mayor parte del tiempo. Solo lo hacía porque los demás la obligaban, no porque quisiera mejorar. Hacía o decía cualquier cosa para evitarla. A veces, una sesión iba bien, y se detenía de repente y anunciaba:

—Estoy cansada. Quiero sentarme.

—Hagamos unas repeticiones más. —No me daba por vencido.

—¡No quiero! ¡Deja de darme órdenes! ¡Haces trampa!

A veces, estaba haciendo ejercicios de movimiento y coordinación en la piscina, y de pronto, se detenía y decía: «Me voy al *jacuzzi*».

Si yo hubiera estado a cargo de su terapia, Krickitt jamás se habría acercado al *jacuzzi*. Evidentemente, me encontraba en modo de «amor firme». Sus padres y el personal de Barrow eran un poco más comprensivos. Hacían todo lo posible para compensar sus exigencias con lo que sabían que necesitaba. Pero Krickitt manipulaba a los demás en forma descarada.

Una de las pocas cosas que disfrutaba era comer, y su bocadillo favorito era el yogur. Así que, lo usamos como un incentivo para lograr que hiciera lo que no quería; en general, podíamos sobornarla con una taza de yogur helado. Sin embargo, no tenía problema en hacer sentir culpable a alguien si pensaba que podía lograr que le diera un premio cuando, en realidad, no se lo había ganado. Casi nunca lo lograba.

Por más que intentaba, no podía construir más que una

amistad superficial con mi esposa. Cuando trataba de jugar al voleibol con ella, Krickitt dejaba de jugar. Cuando íbamos a trotar juntos, sus comentarios y sus quejas se volvían cada vez más personales e hirientes. No sabía qué esperar de un día al otro. En un momento, estaba amigable y sonreía; entonces, yo decía algo que no le gustaba, y en un abrir y cerrar de ojos, me miraba y gritaba: «¡Déjame en paz! ¡Ni siquiera sé quién eres!».

Una tarde, todavía con el aguijón clavado de un comentario incisivo que había hecho Krickitt más temprano, entré a la sala de terapia física y la encontré acostada sobre la alfombra boca abajo, con la cabeza levantada y apoyada sobre las palmas de la mano, mientras subía y bajaba los pies. Estaba tranquila y pensativa.

—¿En qué estás pensando, Krick?

Volvió el rostro hacia mí, con la barbilla aún sobre las manos, y regresó a su posición anterior. Hizo una pausa y sacudió la cabeza lentamente.

—La vida es tan confusa —susurró. Entonces, volvió a mirarme y preguntó: —¿De veras estamos casados?

—De veras estamos casados, Krickitt. Te amo.

Volvió a sacudir la cabeza despacio y se quedó en silencio.

¿Esta sería nuestra nueva realidad? Tal vez estaba esperando alguna clase de recuperación o reconexión que jamás sucedería. Mientras salía de la habitación, pensé: *¿Así termina* *todo? Quizás es lo mejor que se pondrá.* Por primera vez, me permití considerar en serio que mi esposa quizás no volvería a ser jamás la persona que era antes del choque... la mujer de quien me había enamorado. Lo más probable era que esa Krickitt ya no existiera.

Sabíamos que su recuperación mental podía detenerse de repente y en cualquier momento. *¿Y si esto sucede antes de que me recuerde?,* pensaba una y otra vez. De algún modo, la idea de que mi esposa no volviera a recordarme ni a ser la misma mujer con quien me había casado era más difícil de enfrentar que la muerte. Si ella hubiera muerto en el accidente, nuestra vida juntos habría tenido un final claro. Sentía que podría haber enfrentado esa horrible situación porque comprendía lo que la muerte implicaba. No obstante, tenía frente a mí algo completamente desconocido: vivía en un nebuloso infierno emocional, espiritual y relacional, donde tenía a mi esposa a mi lado, pero a la vez no.

A veces, me preguntaba cómo habría sido nuestra vida si el accidente no hubiera sucedido. Lloraba la pérdida de todos los sueños anhelados que quizás nunca veríamos cumplirse. Pero también llegué a comprender que teníamos la oportunidad de construir un futuro nuevo. Mi esposa seguía a mi lado y tenía la posibilidad de vivir. Tal vez podríamos edificar una vida *juntos.* Pero tenía que aceptar que no sería la que había esperado. Por más difícil que fuera, sabía que Dios la había guardado así por algún propósito supremo que Él veía y yo no.

═══════════════

Después de un mes en Barrow, los doctores nos informaron que pronto podría ir a vivir con sus padres y continuar la terapia como paciente ambulatoria. A Krickitt le encantó la idea porque pasaría más tiempo con su familia y menos con su terapeuta físico, que consideraba que le exigía demasiado.

El 13 de enero de 1994, casi siete semanas luego del accidente, Krickitt se mudó a la casa de sus padres en Phoenix. Al parecer, le gustaba estar rodeada de cosas familiares: sus anuarios universitarios, álbumes de fotos y recortes, muebles con los que había crecido y recuerdos de la infancia. Su mamá le mostró la prueba fotográfica de nuestra boda. El fotógrafo del casamiento les había enviado fotos a Gus y a Mary mientras nosotros nos instalábamos en Las Vegas, y el plan era mirarlas mientras pasábamos el Día de Acción de Gracias en Phoenix y escoger las que nos gustaran para nuestro álbum de bodas.

Nos sentamos lado a lado en el sofá, mientras ella hojeaba las fotos de nuestro gran día. Era una típica boda tradicional: Krickitt con su elaborado vestido de novia, yo de traje y corbata blancos, el frente de la iglesia todo iluminado con velas.

Sus padres y yo esperábamos que las fotografías le dispararan más de esos recuerdos-destello y la ayudaran a recuperar momentos de nuestro matrimonio con más detalle. Se reconoció al ver la novia de la fotografía, pero eso fue todo. Todavía no tenía ninguna conexión emocional conmigo... ni interés en crear alguna.

Sin embargo, sí le interesaba su relación con Dios. Poco después de salir de la clínica, le dijo a su madre que tenía la molesta sensación de que le faltaba algo en la vida. Resultó ser que extrañaba escribirle a Dios en su diario. Había escrito solo una entrada con ayuda de una amiga, y luego se había olvidado del tema durante un tiempo. Como deseaba volver a escribir, su mamá la llevó a comprar un diario. Esa pareció ser la respuesta. Aunque todavía tenía una gran confusión mental la mayor parte del tiempo, había sentido la falta de comunicación con Dios y quería reincorporarla en su rutina al escribir en su diario. A mí me producía una sensación agridulce saber que aunque mi esposa todavía no estaba lista para volver a conocerme, sí lo estaba para acercarse a Dios.

Así que la montaña rusa emocional siguió adelante. Un día me sentía por las nubes porque Krickitt había caminado más lejos que antes en la cinta, había logrado leer algo nuevo o experimentado otro recuerdo fotográfico. Al día siguiente, caída en picada al abismo de la desesperación porque me atacaba verbalmente por presionarla en la terapia o porque otro posible estimulador de memoria (una foto, un nombre, una carta, un recuerdo) no había logrado evocar nada de nuestra vida juntos.

———

Cuando Krickitt se mudó a la casa de sus padres, hacía dos meses que yo no trabajaba. Mi empleo había sido lo último que tenía en mente. Día y noche, me había concentrado en ayudarla a mejorar. La administración en Highlands no me presionaba, y los entrenadores auxiliares se estaban preparando para la temporada de primavera sin mí. Sin embargo, mis padres y mis suegros estaban convencidos de que lo mejor que podía hacer era volver a mi vida en Nuevo México. Sugirieron que me mudara a nuestro departamento en Las Vegas, me reincorporara al equipo de béisbol y buscara restaurar algo de normalidad a mi vida. Al principio, no quise saber nada con dejar a Krickitt, pero cuanto más lo hablaba con nuestros padres, más comprendía que era lo correcto para ella y para mí.

Llamé a Gilbert Sanchez y le dije que estaba listo para volver a trabajar. «Por supuesto que te queremos de regreso —me contestó—, pero no hasta que estés seguro de estar listo. Tómate tu tiempo».

«Ya lo hice —le respondí—, y estamos preparados para comenzar a volver a la normalidad. Quiero que los *Cowboys* de Highlands empiecen bien la temporada, y quiero ser parte de eso».

Las razones que di para volver a trabajar eran tanto válidas como verdaderas, pero no le comuniqué al presidente Sanchez mis motivaciones más profundas para volver. Principalmente, necesitaba estar cerca de algo que pudiera comprender y predecir, y sobre lo cual tuviera alguna clase de control. Por gracia divina, había llegado hasta allí con Krickitt, pero sentía que era hora de confiar en Dios aun más. Había llegado al punto de creer en verdad que Dios haría su perfecta voluntad en mi esposa, sin importar si yo estaba en Phoenix o en Las Vegas. Krickitt tenía a sus padres, personas que ella recordaba y amaba, y que cuidarían de ella. No necesitaba que estuviera a su lado 24 horas al día. Era hora de regresar a casa y preparar un lugar allí para ella.

El 1 de febrero fue mi primer día oficial de vuelta en el campus, pero antes hice un viajecito para preparar mi regreso. Mientras estaba allí, mantuve un perfil bajo, ya que era un viaje corto. Pronto estaría de regreso en forma permanente y podría ver a todos y charlar. Mientras estaba en el vestuario de la universidad, vi un folleto casero sobre una colecta de fondos para Krickitt y para mí. Alguien en la escuela había organizado una convocatoria para ayudarnos a pagar los gastos. No habíamos dicho nada sobre las elevadas cuentas médicas, pero cualquiera podría haber adivinado que se estaban acumulando con rapidez. Me conmovió en gran manera la generosidad de la gente de Las Vegas. Era una comunidad donde nadie tenía mucho para dar, pero todos estaban dispuestos a sacrificarse por nosotros. No sabía exactamente qué harían, pero hice como si no supiera nada del tema.

Volví a Phoenix, me despedí de Krickitt y de sus padres, y regresé a Las Vegas. La acogida allí me sorprendió y me conmovió. Cuando llegué a nuestro departamento, lo encontré recién limpio y con la cena en el horno. Al día siguiente, durante el entrenamiento, los jugadores y los demás entrenadores no podrían haber sido más buenos y comprensivos. Aunque los había dejado sin un director técnico principal durante más de dos meses, no estaban enojados ni se habían sentido abandonados. Lo único que querían era que Krickitt y yo nos mejoráramos. Fue una prueba maravillosa del valor de las buenas amistades.

Después de ese primer entrenamiento, varios jugadores se me acercaron y me informaron que algunas personas querían hablar conmigo. Comprendí que había llegado la hora de descubrir de qué se trataba esa sorpresa de la colecta. Seguí a los muchachos a la vuelta de la esquina, donde me encontré con un grupo de amigos, miembros de la comunidad y compañeros de trabajo.

Mientras intentaba parecer sorprendido, una de las mujeres dio un paso al frente. «Queremos darte esto», anunció mientras me entregaba un frasco enorme lleno de dinero. Ya no tuve que fingir sorpresa, porque quedé perplejo. Había *muchísimo* dinero en ese frasco. Durante semanas, este grupo de personas había organizado ferias de comidas, rifas, y pedido donaciones para que yo pudiera volver a Phoenix a estar con Krickitt. Había cheques de personas que yo sabía que no tenían suficiente dinero para sus propios gastos, mucho menos para los míos. También había donaciones de jueces y de otras personas importantes de la ciudad. En total, me alcanzaba para diez pasajes de ida y vuelta entre Albuquerque y Phoenix.

Rápidamente, hice un ambicioso plan de ir a Phoenix todas las semanas durante unos días. Temprano los lunes por la mañana, conducía dos horas desde nuestro departamento en Las Vegas al aeropuerto de Albuquerque, tomaba un avión a Phoenix y me quedaba con Krickitt hasta el miércoles a la noche. El jueves a las 5:30 de la mañana, tomaba un vuelo de regreso a Albuquerque, conducía dos horas de vuelta a Las Vegas y llegaba a tiempo para alistarme para el entrenamiento del día siguiente con el equipo, para los partidos del fin de semana. Yo era el conductor del ómnibus para nuestros partidos en cancha ajena, así que, a veces, los domingos por la noche no volvía al departamento hasta después de medianoche.

Y así, el ciclo comenzaba otra vez el lunes por la mañana.

Pronto fue evidente que este plan no funcionaría a largo plazo. Ya no dormía demasiado por toda la tensión y el dolor de espalda, y este programa poco realista me dejaba menos tiempo para descansar.

Al mismo tiempo, las llamadas de los cobradores estaban comenzando a descontrolarse. Los gastos médicos de Krickitt ya superaban los 200.000 dólares. Además, teníamos mis cuentas médicas, el costo de su rehabilitación y otros gastos imprevistos, como el auto para reemplazar nuestro Escort; con lo cual, la deuda total se hacía aun mayor. Para entonces, sabíamos que no sería fácil tratar con la compañía de seguros. Me había puesto en contacto con ellos antes del accidente, pero pronto comprendimos que no nos iban a otorgar el dinero que necesitábamos para satisfacer a tiempo a los cobradores. Eso significaba que enfrentábamos la posibilidad de una demanda legal para que nuestra aseguradora pagara lo que nos correspondía por nuestro plan de seguro. A su vez, eso significaba contratar abogados y endeudarnos aun más.

Para empeorar las cosas, por más que anhelaba visitar a Krickitt, su actitud hacia a mí iba de mal en peor. Los lunes por la tarde, iba directamente desde el aeropuerto a Barrow para ayudarla con la terapia. A veces, me recibía con cordialidad, y otras, hacía un ruido en dirección a mí y seguía con lo que estaba haciendo.

En mi corazón, anhelaba que mejorara, pero alentarla era arriesgado. Como con cualquier cosa, nunca sabía cómo podía reaccionar, pero mi experiencia como entrenador me había enseñado que hay que presionar a las personas para que alcancen su potencial, ya que no siempre ven hasta dónde pueden llegar, como lo hace uno. Así que, presionaba a Krickitt porque pensaba que era bueno para ella. Sin embargo, un empujoncito de aliento quizás no provocaba una reacción, pero el próximo podía desatar un aluvión de ira.

—¡Basta de decirme lo que tengo que hacer! ¡Déjame en paz! —aullaba.

—Solo intento ayudarte —volvía a explicarle por centésima vez—. Quieres mejorar, ¿no?

—¡Te odio! ¿Por qué no vuelves a Las Vegas o adonde sea que vives? —me gritaba mi esposa.

—Porque me importa nuestra relación y te amo.

A veces, el rostro se le congelaba con una mirada amarga, y se iba sin decir otra palabra. Me parecía que esos intercambios no terminarían jamás.

La mayoría de los jueves, en el vuelo de regreso a Albuquerque, miraba el desierto y el sol que salía frente a mí. El resplandor tenue del amanecer siempre me recordaba el brillo que había llenado la iglesia mientras observaba a la mujer de mis sueños (la que Dios había guardado para mí) caminar por el pasillo iluminado por las velas. Allí, tomados de la mano frente a nuestras familias y todos nuestros seres queridos, habíamos hecho un voto. La mujer que amaba más que a nadie me había mirado a los ojos y proclamado con voz clara y segura:

«Por fin llegó el día en que te doy mi mano en matrimonio. Es un honor ser tu esposa. Soy toda tuya, Kimmer. Y te amo».

Pero ya no creía que era mi esposa. No quería ser mía. En su confusión, no sabía lo que quería. Me parecía que ya no tenía amor para mí. Pocos meses después de nuestra boda, la mujer con quien me había casado parecía detestarme. Y me partía el corazón.

# 6 UNA NUEVA REALIDAD

Más allá de lo que mi esposa sintiera por mí, todavía la amaba, y estaba decidido a mantener el voto de ser fiel y de dedicarme a cada una de sus necesidades. Aunque era física y emocionalmente agotador, seguí haciendo el viaje semanal de Las Vegas a Phoenix para estar con Krickitt y alentarla durante la terapia. Me había vuelto casi implacable en mi propósito de empujarla a sus límites físicos. Cuando estaba con ella en la sala de rehabilitación, no quedaba rastro del esposo; solo el entrenador.

Sabía que no valoraba mi esfuerzo, sino que me detestaba, y a menudo me lo demostraba. A veces, estaba tranquila y tolerante, pero cuanto más la presionaba para exigirse, más me gritaba y se enojaba. Todavía actuaba y reaccionaba como una niña, y podía responder con total indiscreción.

Los doctores me habían advertido que podía ser sumamente desinhibida, y en ocasiones, eso era poco decir. Tuve que aprender a esperar lo inesperado. Aun si había gente en la habitación, expresaba pensamientos impropios o intentaba seducirme sin advertencia. Entonces, cuando me resistía, me espetaba algo como: «Ya no me amas. ¡No me amas porque estoy discapacitada!». Debo admitir que parte de mí anhelaba recuperar el aspecto físico de nuestra relación, pero era demasiado extraño emocionalmente… en ese momento, Krickitt era más una hija que una esposa para mí. Por extraño que parezca, más tarde ese mismo día, quizás declaraba que me odiaba. Sus sentimientos eran completamente impredecibles.

Los doctores pensaban que una visita a nuestro departamento en Las Vegas podría ayudarla a recordarme. Su mamá voló con ella desde Phoenix a Albuquerque, y mis padres también fueron para el gran acontecimiento. Contra todo pronóstico, esperábamos que cuando entrara a la casa, recordara todo de repente y volviera a ser la mujer de antes del accidente.

Cuando llegué a casa al final del día, Krickitt se mostró amistosa, pero aunque nos habíamos visto pocos días antes, no demostraba ninguna clase de interés. Su mamá dijo que cuando llegaron, las dos caminaron por la sala mirando los muebles, los cuadros en la pared y los libros en las estanterías. Según Mary, Krickitt no reveló sentimiento alguno. Parada en medio de la habitación, era evidente que no recordaba nada.

Krickitt preguntó por su vajilla de porcelana. Su mamá le alcanzó uno de los platos. Lo levantó para mirarlo y luego volvió a dejarlo. «Es lindo», dijo simplemente. No recordaba en absoluto el diseño que había escogido cuidadosamente después de mirar por todas partes y de pedirles consejo a su madre y sus amigas.

Mientras le mostraba el departamento, le pregunté sobre distintas cosas que pensé que podían llegar a despertar un recuerdo: fotografías de los dos, muebles que habíamos elegido juntos. Nada le resultaba familiar. Mi esposa era una extraña en nuestro propio hogar.

Los doctores habían sugerido que miráramos el video de nuestra boda. Esperaban que disparara algo en su memoria sobre su vida de casada. Cuando le pregunté si quería mirarlo conmigo, accedió. Nos sentamos en el sofá y miramos toda la ceremonia. Me di cuenta de que sabía lo importante que era para mí que recordara algo, cualquier cosa, sobre el evento, e intentó animarme. «Reconozco que la chica… la novia… del video soy yo», dijo en forma pensativa, «pero no me siento conectada con ella. No sé lo que piensa ni lo que siente. Los veo a ustedes dos intercambiando sus votos, pero es como mirar a una amiga en un video. No sé lo que piensa la chica de la pantalla». Hablaba de nuestra boda con una ausencia total de emociones, y me di cuenta de que no sentía nada por mí en su corazón.

Unas semanas más tarde, me encontraba en Phoenix para ayudar a Krickitt con su terapia, como de costumbre. Lo distinto fue que luego de la sesión, su terapeuta me preguntó si me gustaría ayudarlo a dirigir un partido de básquet entre muchachos cuando saliera de trabajar esa tarde. Agradecido por el giro en la rutina, acepté la invitación de Scott.

Mi tiempo con él fue una verdadera bendición. Durante dos horas, olvidé por completo que tenía una esposa que no me reconocía, las cuentas médicas que se apilaban, y el agotamiento absoluto que sentía cada día y cada noche de mi vida. Me concentré por completo en la estrategia del juego y en intentar ayudar al equipo de Scott a ganar.

Luego del partido, fuimos a la cafetería. Hablamos un poco sobre el desempeño del equipo, y después me trajo de vuelta a la realidad.

—Sé que estás un poco desalentado por la situación de Krickitt —comenzó—. Sinceramente, no sé cómo sigues adelante.

Conocía la verdad de la condición de Krickitt (y la mía), así que, no dudé en abrirme con él.

—Es difícil. Sumamente difícil —admití—. A veces, me entusiasma pensar que estamos por ver un avance radical cuando creo que recuerda algo que relacione su vida con la mía. Pero entonces, hace o dice algo despreciable porque piensa que le exijo demasiado en la terapia... o a veces sin motivo, y se me parte el corazón. Es el trabajo de enseñanza más difícil que he tenido.

—Podemos seguir ayudándola —siguió Scott—. En lo físico, está avanzando muchísimo. Si no hubiera estado en tan buen estado físico como gimnasta, jamás habría llegado tan lejos. Sin embargo, tu bienestar también es importante. Krickitt necesita alguien fuerte, seguro de sí mismo y clemente; tienes que proporcionarle eso, pero no puedes lograrlo solo. Necesitas a Dios, Kim.

—Tienes razón —contesté—. Pero es difícil pensar eso cuando el simple hecho de atravesar el día suele parecer una tarea imposible.

—Dios no se ha olvidado de ti —afirmó con tranquila convicción—. Jamás lo hará. Ha prometido que nunca te abandonará, y lo cumplirá. Él no se cansa y sus recursos no se acaban. Aférrate a Él, Kim. Es la fuerza más poderosa que tienes para lograrlo. No se olvidará de ti. Así que, por favor, no te olvides de Él.

Esa noche, en la casa de los Pappas, medité en el consejo de Scott. Quizás había olvidado entregarle mis problemas a Dios. Tal vez en medio del agotamiento y la desesperación, había pasado por alto la herramienta más poderosa de todas para la recuperación de Krickitt. No era que no orara; lo hacía seguido, pero sabía que había estado concentrándome en ella y en mis deseos, en lugar de en Dios y en *Su* voluntad para nosotros. Necesitaba concentrarme más en el Señor y confiar, porque Él es todopoderoso y yo no. Así que, le prometí que siempre recordaría confiar en su persona y en su maravilloso poder.

Mientras estaba acostado, pensé en esa primera noche en el hospital en Albuquerque, cuando la presión craneal de Krickitt aumentaba minuto a minuto y no sabíamos si sobreviviría. En aquellas horas fatídicas, había sentido que en forma gradual, pero firme, le encomendaba a Dios la vida de mi esposa. Tres meses más tarde, el consejo de Scott fue como un curso de repaso para confiar en la capacidad de Dios y no en la mía.

Cuanto más confiaba en la sabiduría y el poder divinos, más paz sentía, aunque sabía que podía perder a Krickitt en cualquier momento. Estaba comenzando a creer que lo nuestro podría funcionar, pero llegué a la conclusión de que tal vez no fuera así. Por más doloroso que resultara, me comprometí a ayudar a Krickitt al menos hasta el día en que ya no necesitara mi apoyo y pudiera vivir sola. Entonces, le preguntaría qué quería. Si sus deseos no me incluían, los respetaría y no la retendría. Sabía que me había comprometido hasta que la muerte nos separara, pero también entendía que debía ser realista. A menudo, me preguntaba cuándo llegaría ese día. Estaba seguro de que tendría que enfrentarlo, y vivía con temor al posible resultado.

De vez en cuando, había tentadores indicios de que Krickitt comenzaba a aceptar su nueva vida. Un día, estaba hablando con su mamá por teléfono y mencionó que su hija le había dicho al terapeuta que extrañaba «al muchacho que llama y está siempre por aquí». Me llenó de gozo que recordara mis visitas y pareciera querer pasar tiempo conmigo, aunque no siempre actuara de esa manera cuando estaba con ella.

Me esforzaba por llamarla todos los días cuando no estaba en Phoenix. Pero una noche, no llamé a la hora acostumbrada. Un par de horas más tarde, me sobresaltó el sonido del teléfono. Era la mamá de Krickitt. «Kim, aquí hay alguien que quiere hablar contigo». No podía contener la emoción. Mary le entregó el teléfono a Krickitt.

«Hola, habla Krickitt».

«Hola Krick, qué bueno que llamaste».

Silencio. Luego: «Bueno, tengo que irme. Adiós».

Fueron las mejores palabras que había escuchado en meses. En ese mismo instante, me convencí de que lo lograríamos, y de que Krickitt sentía algo por mí en lo profundo de su ser, pero no podía unir las piezas por teléfono. Esa fue la primera de muchas veces que llamó, decía una o dos frases y colgaba. Sin embargo, no me importaba la brevedad de esas conversaciones, ya que eran una confirmación más de que estaba comenzando a agradarle a mi esposa.

Unas semanas luego de esa primera llamada de Krickitt, Mary habló para darme una noticia más alentadora. Krickitt se había estado mirando al espejo, concentrada en la hendidura que el accidente había dejado en su cráneo. La inspeccionó atentamente con la yema de los dedos.

«Mmmmm —musitó—. Tal vez de veras tuve ese accidente».

Desde que había salido del coma, había afirmado una y otra vez que sentía como si estuviera en un sueño. Insistía en que no había ocurrido ningún accidente y en que jamás se había casado. Estaba convencida de estar atrapada en una pesadilla de la cual sabía que despertaría en algún momento. Su reacción frente al espejo fue el primer indicio sólido de que estaba comenzando a comprender que el mundo de sueños podía ser real después de todo.

Eso fue una señal prometedora y una respuesta a la oración, pero el próximo viaje de Krickitt a Las Vegas, pocas semanas después, fue decepcionante. Volvió a nuestro departamento y miró todo, como solía hacer. Ya no estaba tan perdida ni desorientada, pero no era que recordase haber vivido allí conmigo, sino que el lugar le era familiar por su visita anterior. Hizo lo mismo que la primera vez: Miró la vajilla, las fotos del casamiento y el video de la boda. Todo pareció agradarle, pero nada la ayudó a conectarse con su pasado.

La segunda visita de Krickitt a casa coincidió con la primera aparición de nuestra historia en las noticias. Ese viernes, el periódico *Daily Optic* publicó un artículo en la sección de deportes sobre nuestro próximo partido de béisbol ese fin de semana. Explicaron que para mí, mi esposa sería la admiradora más importante en la multitud.

«Antes del accidente, nos concentrábamos en ganar —me citaban—. Hizo falta algo tan devastador como esto para comprender que ganar no es todo. Hasta que enfrentas algo así, no lo comprendes. Mi perspectiva sobre la vida en general ha cambiado. Tengo un mayor respeto por la vida. Mis prioridades son algo distintas ahora». Eso era decir poco.

La mamá de Krickitt había vuelto a viajar a Las Vegas con ella, y mientras estábamos en el aeropuerto para que regresaran a Phoenix, Mary se hizo a un lado en la puerta de embarque para que Krickitt y yo pudiéramos despedirnos en privado.

Tomé su hermoso rostro entre mis manos.

—Te amo, Krickitt —susurré.

—Yo también te amo.

Lo dijo con la boca, pero no con los ojos. Me dio un rápido abrazo, como si fuera cualquier conocido. Mientras nos abrazábamos, miré a mi suegra, al otro lado de la sala de preembarque. Pude ver la misma expresión de desilusión dolorosa y abrumadora que sin duda ella veía en mí.

---

Por fin, Krickitt progresó lo suficiente como para que el Dr. Singh y el resto del equipo de Barrow establecieran una fecha tentativa para darle de alta del programa ambulatorio. A pesar de su pérdida de memoria, a Krickitt le entusiasmaba volver a Las Vegas. Aunque a veces me atacaba verbalmente sin advertencia, estábamos comenzando a reconstruir nuestra relación.

Por fuera, Krickitt todavía tenía sentimientos encontrados sobre nuestro matrimonio. No siempre me aceptaba como su esposo. Pero aunque todavía yo no lo veía, en el fondo y en momentos de claridad mental, sabía que estábamos casados y quería que el matrimonio funcionara.

Las entradas de su diario en esa época rezan: «Querido Señor, […] quiero volver a estar con Kimmer y empezar nuestra nueva vida. Confío en ti para que restaures mis sentimientos por nuestra relación […]. Te doy gracias por guardar nuestras vidas en el accidente y te pido que nos uses para tu gloria. Por favor, fortalece nuestro matrimonio y hazlo aun más fuerte que al principio. Ayúdanos a unirnos más. Te damos nuestra confianza y nuestra gratitud […]. Que pueda transformarme en la chica que fui y en la que Tú quieres que sea».

Aunque no sabía lo que sucedía en la mente ni en el corazón de Krickitt, sí sabía que ahora me extrañaba cuando no la llamaba o visitaba. Incluso a veces, disfrutaba de mi compañía, y la relación parecía estar floreciendo. Me aferraba a esos momentos e intentaba con desesperación adivinar lo que los motivaba, para poder crearlos más a menudo.

A medida que se acercaba la fecha del alta, ambos sentimos la tensión de no saber si le permitirían dejar el programa y volver a Las Vegas. Los doctores tomaron nota de su increíble progreso e informaron: «Está ansiosa por regresar a Nuevo México con su esposo». Aunque había avanzado mucho en su recuperación, aún tenía algunas limitaciones físicas. Por ejemplo, todavía no le otorgaban la licencia de conducir porque tenía problemas intermitentes en la visión. Pero al final, todos le firmaron el alta, y el 14 de abril de 1994, Krickitt volvió a casa.

Cuatro días más tarde, celebramos nuestros siete meses de casados. Para entonces, Krickitt había pasado dos tercios de nuestra vida de casados internada en un hospital, y yo preguntándome si mi esposa alguna vez recordaría que se había casado conmigo.

Aunque había intentado prepararme para el regreso de Krickitt a la vida en Nuevo México, pronto comprendí que nuestra vida juntos era un desastre en potencia. No lográbamos relajarnos. Aunque me había extrañado, ella no siempre aceptaba que estuviéramos casados, y no sabía cómo vivir como parte de una pareja casada.

A los pocos días de llegar a casa, la encontré parada en medio de la cocina con una expresión confundida. Le pregunté en qué pensaba.

Se tomó un minuto para formular su respuesta: —¿Qué tal era como esposa?

Le pregunté a qué se refería.

—Ya sabes. ¿Cocinaba para ti? ¿Te preparaba el almuerzo?

¿Te saludaba con la mano cuando te ibas por la mañana? No sé qué tengo que hacer. Me siento tan confundida. Sé que, supuestamente, estoy casada contigo. Sé que me agradas y que te extraño cuando no estás. —Hizo una pausa antes de continuar—. Sé que has sido sumamente fiel. Siempre estás cuando te necesito. Sé todas estas cosas. Las sé. Pero no sé que estoy casada contigo. Quisiera saberlo, pero no lo sé.

Cuando me iba a trabajar a la mañana, no podía evitar dejarla sola en el departamento. Me preocupaba porque recordaba que en Phoenix, siempre quería salir del hospital para ir a dar un paseo. Temía que saliera a caminar y se perdiera.

«Prométeme que no saldrás y te perderás», le pedí.

«Lo prometo», me respondió suavemente.

Uno o dos días después discutimos, y cuando me di cuenta, se había ido. La encontré a casi 1 km (0,5 millas) de distancia. Había encontrado un teléfono público y llamado a su mamá.

—Me prometiste que no te irías —protesté con firmeza cuando volvimos al departamento.

—¡No puedo prometerte nada! —me gritó. Fue corriendo a la habitación y cerró la puerta con fuerza.

—¡Krickitt!

—¡Vete! ¡Te odio! —vociferó. Entonces, escuché que se deshacía en desesperados sollozos de frustración e ira. Me alejé y esperé que se calmara.

Y así siguió. Teníamos dulces momentos de compañerismo y reconstrucción, interrumpidos de repente por los arrebatos de carácter de una adolescente rebelde. A veces, perdía por completo el control, y luego la atemorizaba y confundía su conducta.

Aunque las cosas estaban tumultuosas en casa, me aliviaba no tener que trasladarme todas las semanas a Phoenix. Permanecer en un lugar me permitía volver a establecerme en mis tareas como entrenador y concentrarme en desarrollar un equipo ganador. Nunca antes había necesitado tanto que algo saliera bien en mi vida.

La desventaja era que no podía escapar de la presión. Como mi vida de hogar era semejante desastre, estaba demasiado cansado y estresado como para ser el entrenador que mi equipo necesitaba y merecía. Desde el punto de vista médico, Krickitt seguía mejorando, pero nuestra relación estaba en ruinas. Vivíamos juntos, pero no como esposos. Nuestras interacciones todavía se parecían a las de un padre y una hija, o las de un entrenador y un atleta.

En esa época, hasta las cosas más insignificantes enfurecían a Krickitt. Olvidaba adónde ponía las cosas en la casa.

Casi nunca pasaba un día sin que rompiera algo. Se cansaba con facilidad. Como todavía no podía conducir, se aburría al tener que estar todo el tiempo en casa. Cuando hablaba conmigo o con otra persona, se reía cuando quería llorar, y a menudo, interrumpía a los demás a mitad de frase o de repente contaba una larga historia sobre un tema totalmente inconexo.

Era como vivir con dos mujeres dentro del mismo cuerpo. Una era amable y gentil, y se esforzaba por reconstruir nuestro matrimonio. La otra era una adolescente hosca y de mal carácter, a quien no le importaba si sus palabras me lastimaban.

Sabía que todavía sufría dolores físicos, porque yo también los tenía, y sus heridas habían sido mucho peores que las mías. Me seguía doliendo la espalda, pero los problemas físicos no eran lo principal. Me habían diagnosticado trastorno de estrés postraumático. Según los doctores, era una de las principales razones de estar siempre tenso y no poder dormir. Me recetaron antidepresivos, calmantes y fuertes pastillas para dormir, solo para poder vivir día a día.

Como si la vida en casa no fuera lo suficientemente

difícil, también nos inundaban las cuentas, las llamadas de las agencias cobradoras y las entrevistas con nuestro abogado. Desde que los cobradores habían comenzado a llamar semanas después del accidente, distintos proveedores de salud y sus agencias de cobros habían empezado una serie constante de llamados telefónicos y de cartas. Resultó ser que el otro conductor no tenía seguro, así que, todos los gastos recayeron sobre nuestra compañía de seguros... y todavía no cooperaba.

Me sentía rodeado y asfixiado, y no podía hacer nada para recuperar el control de mi vida. Era demasiado para mí. Pero no para Dios. Como tantas veces en los últimos meses, Él vino a socorrerme.

No me sorprendió que Dios me mostrara qué hacer, pero sí me asombró el mensajero que utilizó: mi jefe inmediato en Highlands, el director deportivo Rob Evers. Rob no era un simple compañero de trabajo, sino también un buen amigo. Me había alentado a quedarme con Krickitt en Phoenix mientras estaba internada en Barrow y había guardado mi trabajo, por más que no sabía si volvería ni cuándo lo haría. Conocía mis luchas emocionales y físicas durante las semanas de viajes entre Las Vegas y Phoenix, y ahora veía de cerca mi batalla para entrenar con eficacia al equipo mientras me enfrentaba a mi nueva vida.

Varios meses después que Krickitt volvió a casa, Rob me

llamó a su oficina. Cuando me senté, me miró con compasión y un aire de autoridad, y me dijo que pensaba que necesitaba orientación psicológica.

—Krickitt es la paciente, no yo —insistí.

—No me preocupa Krickitt. Tiene suficientes doctores y terapeutas para controlar su progreso. Ha recibido la mejor terapia posible. Y sobre todo, Kim, te tiene a ti para amarla y cuidarla. ¿Pero quién te cuida a ti?

—Estaré bien —contesté—. Las cosas están mejorando. Krickitt está saliendo adelante, y yo estoy bien. En serio.

Mi discurso no lo convenció en lo más mínimo.

—Kim, te he observado con el equipo. Nadie cuestiona tu compromiso con los muchachos ni tu pasión por el béisbol. Pero necesitas ayuda; precisas terapia, ahora mismo. Si dices que no, te pondré en licencia administrativa.

Le respondí sumamente enojado. Comencé a amargarme, pero irónicamente, estaba recibiendo mi propia dosis de amor firme.

Rob me dio unos días para pensarlo. En el fondo, sabía que tenía razón, pero no quería creerlo. Deseaba ser fuerte para todos los que contaban conmigo. Mi equipo necesitaba un entrenador que se concentrara y los llevara a la victoria. Mi esposa precisaba un marido en quién confiar y que la apoyara. No quería admitir que, cada minuto que pasaba, perdía terreno en ambos frentes. Para colmo, lo último que necesitaba eran más cuentas médicas. Sin embargo, el asistente social con quien me pidieron que me encontrara me aseguró que el seguro médico de la universidad cubriría mis sesiones de terapia.

Al final, tomé la dolorosa decisión de resignar mi posición como entrenador de béisbol. En ese momento, no podía concentrarme en mi trabajo ni en mi esposa como lo necesitaban, y mi compromiso con Krickitt era mi prioridad. Después de todo, había prometido estar con ella para siempre, y si quería que lo nuestro funcionara, sabía qué tenía que hacer. No le había hecho una promesa tal a mi equipo, pero sentía que estaba decepcionando a los muchachos, aunque no tenía otra opción.

Sabía que había tomado la decisión correcta, y me concentré en mi nuevo trabajo: cuidar a Krickitt. Por desgracia, uno de mis primeros intentos de pasar un tiempo productivo con ella fracasó. El fin de semana luego de renunciar a Highlands, fuimos a ver un partido de los *Cowboys* y miramos desde las gradas. Durante el juego, se armó una pelea importante en el campo. Esto confundió y alteró a Krickitt. Para empeorar las cosas, el entrenador del equipo opuesto me dijo sin tapujos que si yo hubiera estado haciendo mi trabajo como debería, la pelea no habría existido. No obstante, aunque sin duda había algunos que cuestionaban mi decisión, yo sabía que era la correcta para mí y para ella.

Cuando llegó el verano, Krickitt ya se había recuperado lo suficiente como para empezar a trabajar a medio tiempo otra vez como especialista deportiva en el mismo centro de salud donde trabajaba antes del accidente. Fue acertado, ya que le dio la oportunidad de volver a estar a cargo de algo y de ejercer cierto tipo de control. Cuando dio ese paso, pude ver vestigios de la vieja Krickitt. Todavía era responsable: siempre estaba preparada para su trabajo y llegaba a horario. Me encantaba ver a mi esposa sobre el telón de fondo de su vieja vida, rodeada del equipo deportivo, las máquinas de pesas y las mancuernas. Estaba orgulloso de su progreso.

A medida que ella se volvía más autosuficiente, nuestra relación iba en picada. Justo cuando pensé que nuestra vida de hogar no podía ser más impredecible y estresante, sus arranques de odio hacia mí se tornaron más brutales que nunca.

Uno de mis recuerdos más vívidos de esa época ocurrió en un lavadero de autos. Mientras esperábamos que saliera nuestro vehículo, comenzamos a discutir. A los pocos segundos, nos estábamos gritando. Krickitt me arrojó su botella de agua y se alejó a grandes pasos por la acera. Todavía no podía moverme con demasiada rapidez, pero en pocos minutos, la alcancé en un restaurante de comida rápida, otra vez llorando y hablando por teléfono con su mamá.

Otro de esos malos días, estábamos en medio de un desacuerdo bastante enardecido, cuando ella levantó un tenedor de la mesa que tenía por detrás, se dio vuelta y me lo arrojó. Se clavó en la pared junto a mí.

—¡Déjame en paz! ¡Te odio!

No era la primera vez que me gritaba así, pero en esta ocasión no me preocuparon sus palabras, sino sus acciones.

—¡Krickitt, contrólate!

En general, intentaba responder a su enojo con calma, pero esta vez me enfurecí. Si no hubiera tenido tan mala puntería, el tenedor se habría clavado en mí en lugar de la pared.

—¡Deja de tratarme como a una niña!

—¡Deja de portarte como tal!

Los ojos de mi esposa se llenaron de odio.

—Quizás tendría que cortarme las venas y listo.

Fue la última gota.

—Hay un cuchillo en la cocina —le informé, señalándole el camino.

—Crees que estoy bromeando, ¿no? Tal vez me ahorque.

—Hay soga en el camión.

Krickitt salió furiosa y dio un portazo. En los pocos segundos que me llevó volver a abrir la puerta, ya había desaparecido. La encontré, exhausta y llorando, escondida detrás de un auto en un estacionamiento calle abajo.

La ayudé a volver y nos sentamos en la sala de estar. Hubo un largo silencio.

—Extraño a la vieja Krickitt— suspiré por fin.

—Yo también —me respondió ella. Yo me preguntaba si acaso sabría a quién se refería.

Más adelante, comprendí que ella estaba tan frustrada como yo; simplemente, no siempre tenía la habilidad de demostrarlo en forma racional. Sabía que no era la mujer que había sido y quería que nuestro matrimonio funcionara. Más tarde, leí en su diario: «Querido Señor, muchas gracias por estar a mi lado y ser tan fiel conmigo. Te necesito ahora y todos los días. Me doy cuenta de que *no* puedo hacer esto por mis propias fuerzas; necesito que me sostengas y me ayudes a atravesar cada día. Te pido por [nuestro] matrimonio. Por favor, sé tú el centro y ayúdanos a tratarnos con respeto y mucho amor [...]. Ayúdame a volver a ser la Krickitt que te agradaba. Por favor, ayúdame con todas mis frustraciones y perdóname».

Con el tiempo, personas bienintencionadas comenzaron a preguntarme (en forma indirecta, pero evidente) si podría considerar el divorcio como una opción. «En algún momento, quizás tengas que acabar con esto», me decían. Un asistente social me informó que cuando una persona casada sufre una herida debilitante en la cabeza, la probabilidad del divorcio es de entre 80 y 90 por ciento. Alguien señaló que ese camino me libraría de la responsabilidad de las cuentas médicas de Krickitt. Sería una salida fácil para muchos problemas.

Yo tenía una respuesta sencilla para cualquiera que sugiriera el divorcio: «No, eso jamás sucederá». Sencillamente, no era una opción para nosotros. No importaba si Krickitt me recordaba o no, si me gastaba hasta el último centavo para cuidarla o si al final terminábamos viviendo separados. La sencilla verdad era que no imaginaba vivir sin mi amada: la mujer a quien había prometido proteger en tiempos de prueba y necesidad.

Pero al mismo tiempo, sabía que no podíamos seguir así. Cuanto más se recuperaba ella físicamente, peor me sentía yo, porque a la par, la distancia emocional entre nosotros era cada vez mayor.

Durante varios meses, había estado luchando con una idea que no había hablado con nadie. Como Krickitt no me recordaba, me preguntaba si en verdad tendría que restablecer nuestro antiguo hogar como esposo y esposa. Después de todo, tal vez jamás funcionaría. En cambio, estaba cada vez más convencido de que mi tarea como hombre que de veras amaba con abnegación a su esposa era devolverle su independencia hasta que pudiera vivir por su cuenta, si eso le traía paz.

# 7 SEGUNDAS OPORTUNIDADES

Un año y medio luego del accidente, por fin me resigné a que mi esposa jamás sería la misma persona de antes. Todavía había momentos que ofrecían atisbos tentadores de la mujer con quien me había casado, y me llevaban por un instante al pasado. Pero al mismo tiempo, esos indicios también eran recordatorios desgarradores de la vida que había perdido y que jamás recuperaría.

Krickitt jamás recobró la memoria de nuestro encuentro, compromiso, casamiento, luna de miel ni de ninguna otra parte de nuestra vida juntos antes del accidente. Es más, durante más de un año, ni siquiera era consciente de que había perdido la memoria de una parte de su vida. En esa época, vivía confundida porque no siempre sabía quién era yo ni por qué estaba allí. No obstante, la mayor parte de ese tiempo vivió conmigo como mi esposa.

Imagina lo que habrá sido para ella. Faltaban diez años para que saliera la película *50 First Dates* [Como si fuera la primera vez], pero cualquiera que la haya visto ahora tiene una idea de lo que era la vida para Krickitt a veces. Gracias a Dios, a diferencia de la mujer de la película, Krickitt fue llegando al punto de acordarse permanentemente de que había olvidado parte de su vida.

Durante esa época, amigos y familiares le recordaban constantemente que estaba casada conmigo, y miró el video de nuestra boda y las fotos de nuestra luna de miel cientos de veces. Poco a poco, iba comprendiendo que la vida no era una pesadilla de la cual despertaría con el tiempo. Lo que experimentaba era una nueva realidad. Y por más que me rechazaba a veces cuando se olvidaba que había ciertos recuerdos perdidos, siempre percibió que estaba allí como su protector y compañero. Sabía que tenía algo de especial porque me desvivía para estar con ella y ayudarla. «Si me enamoré de este hombre antes —afirmó—, supongo que puedo volver a hacerlo».

No dejaba de sorprenderme que su conciencia espiritual y su confianza en Dios parecían milagrosamente intactas.

Como dijo su hermano Jamey al principio de su recuperación, el cristianismo era la «esencia» sólida de Krickitt, que
ni siquiera esta experiencia terrible podía dañar. ¿Podría esa
fe combinarse de alguna manera con su confianza en nuestro
matrimonio, para cerrar la brecha entre nosotros o al menos evitar que siguiera ensanchándose? Aunque no recordaba
nuestra boda, ¿la llevaría su fe a mantener los votos que había
hecho ese día?

Para mí, seguía siendo un gran misterio lo que ella pensaba. Sus cambios de humor eran grandes e impredecibles. A
decir verdad, toda nuestra relación era impredecible. Ya no
conocía a Krickitt, y tampoco sabía si sus acciones represen-
taban su verdadera identidad (fuera la que fuera) o si había
una desconexión entre lo que pensaba y lo que hacía. Me
preguntaba si en su mente sabría cómo comportarse, cómo
interactuar conmigo, cómo controlar su enojo y ser afectuosa
y clemente, pero no podía ponerlo en práctica por su lesión.
O quizás, directamente no sabía cómo hacerlo. Tal vez comunicaba de veras lo que pensaba y sentía. Quizás esta *era* la
nueva Krickitt.

Como si la tensión en nuestra relación no fuera suficiente,
las agencias recaudadoras nos seguían llamando sin cesar, y
estábamos en plena batalla legal para llegar a un acuerdo con
nuestra compañía de seguro automovilístico. Antes del accidente, jamás había conversado con un cobrador. Una sola vez

había emitido un cheque sin fondos, porque hice un depósito en una cuenta equivocada por error. Era sumamente responsable con mis finanzas, y siempre había pagado la prima de mis seguros para evitar problemas económicos en el improbable caso de un accidente grave. Ahora, a pesar de mis buenas intenciones y mis acciones responsables, había problemas financieros, y no llegábamos a ninguna parte con la compañía de seguros a la que le había pagado fielmente todos los meses.

A veces, los problemas me abrumaban y me arrollaban como olas. Me ahogaba en la tensión, la confusión y el enojo. No podía dormir, había tenido que abandonar el trabajo de mis sueños y ya no sabía cómo ser un esposo para Krickitt. Otros días, la vida parecía menos negra e imposible. A lo único que podía aferrarme era a nuestra fe en Dios. Más allá de su conducta impredecible, sabía que Krickitt también confiaba en que el Señor tenía el control. En medio de nuestros encontronazos más descarnados, todavía nos unía ese hilo de fe.

Una noche, mientras estaba acostado y Krickitt dormía a mi lado, me enfrenté cara a cara otra vez con la realidad de que solo Dios podía sanar nuestro matrimonio. En ese momento, prácticamente no podíamos estar en la misma habitación sin pelear, y sabía que la culpa no era solo de ella. Yo necesitaba ayuda. Dios tendría que derribarme para poder volver a edificar en mí al esposo que Krickitt necesitaba, y por fin, comprendí que necesitaría ayuda para lograrlo. Con la mirada en el techo, mientras escuchaba y sentía a Krickitt respirar serenamente a mi lado, consideraba este y otros pensamientos. Dios, ¿qué estás haciendo con mi vida? ¿Qué estás haciendo con mi voto?

Me había parado frente a Dios y una iglesia llena de gente, y había prometido proteger a Krisxan Pappas y ser su proveedor «en tiempos de prueba y de necesidad». Prometí dedicarme a cumplir sus deseos y suplir sus necesidades. Declaré que sería fiel. Había pronunciado esas palabras con sumo gozo y convicción. Las había dicho de todo corazón, y ahora las cumpliría. Simplemente, no sabía cómo.

Pero estaba seguro de que alguien podía ayudarme, así que, por fin acepté el consejo de Rob y llamé al hospital psiquiátrico estatal para acordar una cita. Era extraño ir a ver a un terapeuta solo, después de haber estado en tantas sesiones con Krickitt. Pero no tenía otra opción. Había estado seguro de poder mantener la entereza, ayudar a Krickitt a recuperarse y recobrar nuestra vida. Me había esforzado para lograrlo durante más de un año, sin lograrlo. Le había fallado a mi esposa, y eso era devastador.

Fui a mi primera entrevista con el consejero Mike Hill,

cuya sabiduría y perspicacia pronto producirían un impacto increíble sobre mí. No era el típico terapeuta; acartonado y distante. Era transparente y auténtico; amigable, abierto y completamente intrépido.

Le conté toda nuestra historia y terminé con mi decisión de que, aunque jamás me divorciaría de Krickitt, sería difícil seguir viviendo juntos en paz, y que la mejor opción sería ayudarla a lograr autosuficiencia, para que pudiera vivir sola.

Mike pensó un momento antes de preguntar:

—¿Por qué crees que Krickitt se casó contigo en primer lugar?

—Porque soy gracioso, encantador, inteligente y atractivo —bromeé. Él sonrió, pero no contestó. Esperó con paciencia mi verdadera respuesta—. Supongo que por mi manera de tratarla —respondí por último. Me interesaba ella como persona, no solo como alguien con quién tener una relación, y creo que eso le gustaba. Éramos almas gemelas antes de enamorarnos. Desde el principio, nuestra relación tuvo una fuerte faceta espiritual. Krickitt tiene una fe increíble en Cristo. Es más, el fin de semana en que nos conocimos, pasamos toda la tarde leyendo el libro de Job juntos.

—¿Cómo la tratas ahora?

—Como un padre. Como un entrenador.

—¿Entonces siente que está casada con su padre?

Fue mi turno de sonreír.

—Ya veo, Mike. No sé lo que siente. Lo único que sé es que está dispuesta a aceptar que estamos casados porque todos se lo dicen. Y sinceramente, creo que quiere amarme como esposo, pero en el fondo, no estoy seguro de que sepa quién soy.

---

Luego de varias sesiones con Mike, cuando pudo comprender bien nuestra situación, pensó que sería una buena idea que Krickitt me acompañara una vez. Ella accedió, y su charla con Mike resultó ser una respuesta a la oración, el milagro que necesitábamos para comenzar a sincronizar nuestras vidas.

Así que, fue a mi sesión de terapia. Hablaron con Mike un rato, y luego, él afirmó: «¿Sabes, Krickitt? Creo que no recuerdas para nada tu encuentro, tu noviazgo ni tu boda con Kim». Por más increíble que parezca ahora, nadie se lo había dicho antes.

El rostro de mi esposa se iluminó al escuchar la revelación de Mike. «¡Eso es!», expresó con entusiasmo. «¡Eso es! Con razón esto ha sido tan extraño».

Todos entendíamos que Krickitt había perdido la memoria. Su familia, sus amigos y yo sabíamos que no recordaba haberme conocido, y tampoco nuestro noviazgo ni nuestra boda. De lo que no nos habíamos dado cuenta, a pesar de las incontables conversaciones durante su rehabilitación, era que no comprendía en verdad lo que le había sucedido. Se había cansado de escuchar que estaba casada conmigo, que era la mujer de nuestro video de bodas y que había escogido la vajilla de nuestro aparador. Pero nadie se lo había explicado de manera tan concisa y clara como Mike ese día.

Sabía que se le había borrado la memoria, pero se había sentido atormentada porque pensaba que tenía que conocerme, y no lo hacía. Lo que por fin comprendió fue que estaba bien no reconocerme a mí ni a nuestra vajilla. No significaba que estuviera loca ni en un sueño. Sencillamente, no podía recordar nuestra vida juntos porque tenía amnesia. Con eso en mente, no se *suponía* que debía conocerme. Era imposible. No era su culpa no poder recordar nada.

¿Te parece extremadamente confuso todo esto? Imagina lo que habrá sido para Krickitt.

Entonces, Mike diseñó un plan. Ya habíamos establecido que nuestros roles estaban mal. Vivíamos como entrenador y atleta o como padre e hija, en lugar de esposo y esposa. En esencia, yo tenía todo el control y esperaba que Krickitt siguiera mis órdenes. Había poco de la reciprocidad que debería caracterizar a un matrimonio saludable. Así que, nos ayudó a ver que necesitábamos restablecer la igualdad que los acontecimientos del año y medio anterior se habían llevado. Además, teníamos que reconstruir una historia en común.

—Tú y Krickitt necesitan comenzar de cero —explicó Mike—. Ella no tiene recuerdos compartidos contigo. Los recuerdos compartidos dejan un rastro de conexión emocional que podría retrotraerla al momento en que se conocieron, para revivir todos los sucesos, las emociones y el crecimiento que llevaron a un matrimonio feliz. Es una travesía emocional que no recuerda haber realizado, así que, no es de extrañar que mire a su alrededor y piense: *¿Cómo llegué hasta aquí?* Un nuevo conjunto de recuerdos la ayudarán a generar nuevos lazos emocionales contigo. Creo que la vieja Krickitt no existe más. Es hora de que conozcas a la nueva. Y es hora de que ella te conozca a ti.

—Entonces, ¿qué hacemos ahora? —pregunté.

—¿Cómo conociste a la vieja Krickitt? —retrucó.

—Salíamos juntos. Íbamos a partidos de béisbol, al cine, cenábamos con amigos…

—Entonces, conoce a la nueva Krickitt de la misma manera.

—¿Comenzar a salir con mi propia esposa? —me pregunté en voz alta.

—Es una manera de reemplazar los recuerdos que Krickitt perdió —me respondió—. Para ella, no tienen un pasado juntos; nada sobre lo cual construir su relación matrimonial. Es una segunda oportunidad de conocerla.

Me entusiasmó la posibilidad de una segunda oportunidad

con Krickitt. Para mí, era una segunda oportunidad de dos maneras. En primer lugar, me permitía lograr que lo nuestro funcionara después del accidente. No había aprovechado demasiado la primera. Y en segundo lugar, tenía la posibilidad de volver a conocer a esta increíble mujer. Lo había disfrutado la primera vez, y esperaba que la segunda fuera igual de placentera.

Así que, seguí el consejo de Mike y comencé a cortejar a mi esposa. Las Vegas, en Nuevo México, no es ni la mitad de divertida que la renombrada ciudad homóloga, pero le prometí a Krickitt que todas las semanas saldríamos en una cita. Lo importante no era hacer algo emocionante, sino algo juntos. Íbamos a comer pizza. Jugábamos a los bolos. Asistíamos a partidos de pelota. Íbamos al supermercado, donde le pedíamos a un empleado que eligiera una bolsa de dulces, y la compartíamos con todos en la tienda; cuando nos íbamos, Krickitt pagaba la bolsa vacía. A mi esposa le gustó el giro en la rutina, y a mí también. Y en realidad, nos llevábamos bastante bien durante nuestras excursiones. Todo parecía estar saliendo como esperábamos.

Sin embargo, teníamos nuestros momentos, y en general, ocurrían mientras estábamos jugando al golf. La primera vez que jugamos, no llegamos ni al segundo hoyo antes de que Krickitt saliera enojada para un lado y yo me fuera en el carrito de golf en dirección contraria. Estábamos de vuelta en el mundo de los deportes, ¿y adivinen qué sucedió? El entrenador y el padre volvieron a surgir en mí. De más está decir que a ella no le gustó.

Cuando volvimos a encontrarnos, me expresó su disgusto. Estaba cansada de que no aceptara quién era ahora.

—Lo lamento —respondí—. Pero si dejaras de quejarte te iría mucho mejor, y todos dejarían de mirarnos. —No era la respuesta que esperaba. Con una mirada desdeñosa, se marchó hacia el estacionamiento.

Por más difícil que fue esa primera salida a jugar al golf, decidimos volver a intentarlo. Era un buen lugar para probar nuestra nueva relación. Nos veíamos obligados a llevarnos bien si queríamos jugar. La segunda experiencia fue casi una repetición de la primera. Sin embargo, volvimos a intentarlo, y nos abrimos paso a través de dos o tres hoyos, hasta que alguno perdía los estribos. Luego de varios intentos, llegábamos hasta el cuarto hoyo antes de comenzar a gritar.

Todas las parejas tienen altibajos en el juego del amor, y nosotros no éramos la excepción. Todos tienen problemas que superar; en nuestro caso, simplemente tuvimos que atravesarlos dos veces, y la segunda fue mucho más difícil. No obstante, el balance de esa época fue sin duda positivo. Nuestras citas nos daban algo de qué hablar además del accidente y sus consecuencias. Como ahora teníamos más cosas en común, estábamos más relajados. Nos reíamos más. Nos besábamos más. En forma milagrosa y definitiva, nuestra relación había dejado de caer en picada y comenzaba a ascender.

Krickitt, Mike y yo nos reuníamos regularmente para hablar de nuestro progreso. El plan parecía funcionar. Krickitt y yo estábamos construyendo un pasado en común como cimiento para un nuevo futuro, y nuestra relación cotidiana estaba mejorando, aunque todavía peleábamos demasiado. Por fin, tuve la esperanza de que lo peor había terminado, y abracé la perspectiva de poder seguir juntos después de todo, algo que meses atrás había parecido imposible.

El plan de Mike no terminó con las citas. Quería que tuviéramos una ceremonia de rededicación. Al principio, no quise saber nada con una «segunda boda». No me gustaba esa sugerencia por varias razones. En primer lugar, ya estábamos casados. ¿Acaso una reunión de rededicación no comunicaba que la primera promesa se había gastado o marchitado? Yo pensaba lo contrario. Para mí, seguíamos juntos justamente gracias a esa primera dedicación, esos primeros votos. En segundo lugar, no veía el sentido de volver a pasar por todo el proceso solo por un gesto simbólico. En tercer lugar, era otro gasto importante en un momento en que nuestras finanzas estaban en ruinas.

Sin embargo, Krickitt se aferró a la idea apenas la escuchó. Nos explicó a Mike y a mí su punto de vista. «Pude volver a conocer a mi compañero para la vida —afirmó, haciendo eco de mis palabras cuando le propuse matrimonio en California, en lo que parecía un pasado distante—. Nos hemos divertido muchísimo. Sería imposible no querer profundamente a alguien que permanece a tu lado con la fidelidad de Kimmer. Quiero recordar darle mi mano en matrimonio. Otra ceremonia me proporcionará los recuerdos que toda esposa debería tener».

Aunque todavía no era el mayor partidario de este plan, ver el entusiasmo de Krickitt me hizo pensar que quizás podría hacerlo por su felicidad. Aunque no significara tanto para mí como evidentemente lo sería para ella, era una manera de demostrarle mi amor.

«Tengo recuerdos fotográficos de mi vida justo antes del accidente, pero no tengo recuerdos emocionales —agregó mientras hablábamos con Mike—. Es lo que quiero recuperar, algo en mi corazón. Quiero recordar mi blanco y adornado vestido de novia, y el momento en que mi papá me entregue. Quiero saber qué se siente».

Me pareció bastante lógico. Después de todo, si yo hubiera perdido el recuerdo de haber conocido a un héroe del deporte, preferiría volver a conocerlo en lugar de que me lo contaran y me mostraran fotografías.

«Cuando perdí la memoria, perdí mis sentimientos por Kim. Tuve que redescubrir qué hizo que me enamorara de él antes. No recuerdo cómo fue la primera vez, pero creo que ahora mi amor ha crecido de otra manera… no es ese amor romántico y 'florido', sino más bien, una decisión consciente. Lo cierto es que estoy casada con este hombre. Los sentimientos vinieron luego, y por gracia de Dios, he llegado a amarlo otra vez».

Entonces, comprendí que no era el único que había mantenido mi voto. Krickitt mantuvo el suyo al honrar y apoyar al hombre con quien no recordaba haberse casado. En la prosperidad y en la adversidad, como dijo con una sonrisa: «No me puedo librar de ti. Encontraremos la manera de que funcione. No hay otra opción».

«Me entrenaste durante la rehabilitación —me dijo con convicción—. Me enseñaste a volver a caminar y a usar un tenedor. Incluso me ayudaste a ir al baño. Ahora quiero que me veas como tu esposa, no tu hija».

Estaba totalmente de acuerdo.

Krickitt quiso esperar hasta resolver los problemas con el seguro antes de realizar la segunda boda. Me pareció bien, ya que no sería agradable estar pensando en problemas financieros en nuestro gran día. Unas semanas más tarde, fuimos a mediación y llegamos a un acuerdo. Se pagaron las cuentas y se levantaron los embargos: otra razón para celebrar un nuevo comienzo.

Pensé que una nueva boda requería una nueva proposición matrimonial. Decidí sorprender a Krickitt en el centro de salud donde trabajaba a medio tiempo. El día de San Valentín de 1996, entré con un ramo de rosas, me arrodillé frente a la mujer que amaba, y mientras se arrimaba un pequeño grupo, le quité el anillo de bodas del dedo y repetí las palabras que había pronunciado casi tres años antes: «Krisxan, ¿quieres ser mi compañera para toda la vida?».

Una vez más, Krickitt Carpenter aceptó casarse conmigo, y volví a colocarle el anillo en el dedo. No obstante, me di cuenta de que la desilusionó un poco mi falta de creatividad. Al mirar atrás, veo que tenía razón. El espectáculo, los sonidos y los aromas de un centro deportivo no son exactamente románticos. Aunque los deportes habían formado una parte esencial de nuestras vidas, sé que me equivoqué.

Al principio, accedí a la ceremonia de rededicación para hacer feliz a Krickitt, pero me fue gustando cada vez más la idea, y en poco tiempo, tenía el mismo entusiasmo que mi esposa. Sin embargo, no incluiría la misma producción elaborada de la primera ceremonia. Esta vez, queríamos algo más tranquilo e íntimo.

Encontramos una rústica capilla de troncos en Pendaries, un complejo en el pueblito de Sapello, cerca de Las Vegas, y nos pareció perfecta. Solo entraban unas 30 personas, pero era adecuado, ya que solo invitaríamos a amigos cercanos.

A medida que se acercaba el día, Krickitt era un modelo de seguridad y compostura, pero nos advirtió que probablemente no sería así el día de la boda. «No podré parar de llorar camino al altar —predijo—. Allí caeré en la cuenta… de todo lo que sucedió en estos últimos años».

Como siempre, Krickitt escribía con regularidad en su diario. El día antes de nuestra segunda boda, anotó: «Señor […], por favor, abre mi mente y mi corazón para expresar en mis votos tus palabras. Te pido que Kim y yo podamos pasar buenos momentos, compartir, reír y amar. Te ruego que nuestra segunda luna de miel salga bien. Estoy ansiosa. Necesito tu fortaleza, Señor, y tu Espíritu. Por favor, ayúdanos a Kimmer y a mí a unirnos más. Te amo».

Krickitt escogió a Megan Almquist para que repitiera su función como dama de honor. A Megan la emocionaba la idea de que Krickitt creara un recuerdo al que aferrarse. Yo escogí un padrino distinto para nuestro segundo gran día: el terapeuta físico favorito de Krickitt, Scott Madsen. Era la elección perfecta porque había jugado un papel importante en su recuperación, y su aliento me había ayudado en mis momentos más oscuros.

Personas sumamente especiales compartieron con nosotros nuestro nuevo comienzo, muchas de las cuales habíamos conocido como resultado del accidente. Nos bendijeron con su presencia DJ Coombs, la paramédica que superó su claustrofobia para tratar a Krickitt mientras colgaba cabeza abajo en el auto; Bob Grothe, el enfermero del helicóptero desde Gallup a Albuquerque, donde casi todos habían abandonado la esperanza sobre Krickitt; y Wayne y Kelli Marshall, la pareja que se detuvo en la escena del accidente y oró por nosotros.

Así que, el 25 de mayo de 1996, en la pequeña capilla alpina en Pendaries, me paré frente al amor de mi vida por segunda vez, en presencia de Dios y de varios testigos, y hablé con seguridad, amor y una profunda gratitud que jamás podré describir. Me costaba distinguir a Krickitt a través de las lágrimas, mientras me comprometía con ella otra vez.

«Krick, estoy frente a ti una vez más, para reafirmar los votos que una vez hice. Le doy gracias a Dios cada día por salvar nuestras vidas y darnos la fortaleza y la voluntad para soportar estas pruebas y tribulaciones. Casi tres años atrás hice un voto ante Dios. Y como afirmé en ese momento, declaro hoy con mayor amor y deseo:

»Prometo defender nuestro amor y tenerlo en alta estima. Prometo ser tolerante, comprensivo y paciente. Prometo suplir todas tus necesidades; respetarte y honrarte plenamente.

»Por sobre todas las cosas, prometo que no importa las adversidades que enfrentemos, jamás abandonaré el voto que hice de protegerte, guiarte y cuidarte hasta que la muerte nos separe.

»Solo una cosa puede superar para siempre el dolor de lo que sufrimos: mi amor por ti. Y le doy gracias al Señor por Su guía y Su fe en mí para amarte. Es un gran honor ser tu esposo».

Los votos de Krickitt fueron mucho más breves, pero no menos significativos:

«Kimmer, te amo. Te valoro como esposo. Gracias por ser fiel a tus primeros votos. Prometo estar cuando me necesites, alentarte y consolarte en tiempos de necesidad. Le pido al Señor que me ayude a ser la esposa que Él desea que tengas. Te necesito, Kimmer. Y te amo».

Krickitt tenía el mismo vestido que se había puesto en nuestra primera boda. A mí, por otro lado, ya no me entraba el mismo traje. Aunque habíamos acordado usar los mismos anillos, quise sorprender a Krickitt y compré uno nuevo. Planeaba colocarle los dos en el dedo cuando llegara el momento.

Cuando deslicé los dos anillos en el dedo de Krickitt, Megan le entregó mi viejo anillo. Cuando abrió la mano, vi que también me había comprado un segundo anillo. El nuevo era dorado con el símbolo cristiano del pez, en representación de todo lo que el Señor había hecho en nuestras vidas. Cuando me colocó los dos anillos donde había estado el primero, Krickitt me regaló la bellísima sonrisa que había visto tantas veces antes del accidente. Me emocionó volver a verla.

La llevé al mismo hotel en Maui donde habíamos ido para nuestra primera luna de miel. Mientras íbamos a la playa, vimos un cartel que rezaba: «Jesús vuelve pronto». Krickitt me contó que había tenido un recuerdo-destello de ese cartel, pero que le había faltado el contexto hasta entonces.

Fuimos al que había sido nuestro lugar favorito en la playa en nuestro primer viaje. «Algo me suena», afirmó, mientras miraba un patio con algunas mesas y sillas desparramadas aquí y allá. Incluso me mostró la mesa en donde nos habíamos sentado casi tres años antes. «Pero es una sensación de *déjà vu* con la que no me identifico», explicó.

Nunca más intentamos forzar la memoria de Krickitt. Desde ese momento, la dejamos en manos de Dios. Nuestras vidas estaban en Sus manos, y Él quería que miráramos al futuro, y no al pasado. Resultó ser que nuestro futuro nos llevaría a lugares impensados y nos daría oportunidades que jamás imaginamos.

# 8 IMPACTO GLOBAL

uestras dos bodas tuvieron mucho en común: el vestido, los anillos, la dama de honor, la luna de miel. Pero un elemento importante solo estuvo presente en la segunda: los medios de comunicación. Sí, gente del canal de televisión CBS, de la revista *People*, del periódico *London Times*, del noticiario *ABC News* y del programa *Inside Edition* estuvo allí con la esperanza de avistar nuestro gran día.

Cuando volví a pedirle a Krickitt que se casara conmigo, descubrimos que a muchos los alentaba escuchar nuestra historia de amor. Esto, a su vez, animaba a Krickitt a orar. Le pidió a Dios que usara nuestra historia para mostrarles a los

demás su maravilloso amor y poder. Después de todo, habíamos mantenido nuestros votos gracias a Él. No seguíamos
juntos por ninguna característica especial en nosotros, sino
gracias a Dios. No podríamos haberlo logrado sin nuestra fe
en Él.

Apenas a días de la oración de Krickitt, recibimos una inesperada llamada de Van Tate, el conductor de un programa
televisivo llamado *On the Road* [De viaje], del canal afiliado
de CBS en Albuquerque. Van estaba cubriendo una historia
sobre «¿Qué le pasó al entrenador Carpenter?» Cuando era
el entrenador principal, había sido el más joven de la NCAA
(Asociación atlética colegial nacional), y a muchos les interesaba mi historia. Van recordó el accidente y le entusiasmaron
nuestros planes de una segunda ceremonia de bodas. Quería
destacar nuestra historia en su programa.

Pocos días después del programa de Van, nos llamó un
periodista del *Albuquerque Journal* para escribir una historia
sobre nosotros. El domingo 17 de marzo de 1996, salimos en
la primera plana del periódico de Albuquerque, bajo el titular
*«Love Lost and Refound»* [Amor perdido y recuperado]. El artículo daba más detalles sobre el accidente y la rehabilitación
de Krickitt, pero se concentraba en que, después de todo lo
que había sucedido, no solo seguíamos casados, sino que también renovaríamos nuestros votos nupciales.

A Krickitt y a mí nos emocionó que el autor y los editores

no le hubieran restado importancia ni dejado de mencionar la trascendencia de la fe en nuestras vidas. En la segunda página del artículo, había una gran foto de los dos orando frente a una Biblia abierta.

También aparecía la siguiente cita: «No me caso con la misma persona de hace tres años, pero yo también cambié. Por ejemplo, el béisbol ya no significa lo mismo que antes para mí. Era parte de nuestra vieja vida. Ahora estamos más unidos, tenemos un lazo diferente y más significativo que antes. Mis amigos dicen que me convertí en un fanático religioso. Les contesto que no; simplemente he visto los milagros que Dios puede hacer».

Nos alegró que los demás escucharan nuestra historia y vieran el papel de Dios en ella, pero no nos pareció que fuera algo tan especial ni fascinante como para interesarle a nadie fuera de nuestro pequeño rincón en Nuevo México. Estábamos equivocados. Pronto nos llamó Tom Colbert, el presidente de una empresa llamada *Industry Research and Development* [Investigación y desarrollo para la industria], que busca entre las noticias historias de interés humano y ayuda a los periodistas locales a conectarse con los medios nacionales. Había visto el artículo en el *Albuquerque Journal* y nos preguntó si queríamos que difundiera nuestra historia mediante la agencia de noticias *Associated Press*. Nos explicó que una vez en manos de esa red, estaría a disposición de cientos de periódicos y otros medios de comunicación en todo Estados Unidos.

«Tienen que considerarlo con detenimiento —nos aconsejó—. Porque si lo hacemos, sus vidas nunca serán igual».

Las palabras de Tom parecían una advertencia. Pero una semana antes, habíamos orado: «Señor, tenemos una gran historia. ¿Cómo podemos usarla para mostrarles a los demás tu poder?». Así que, hablamos, pensamos y oramos al respecto, y sentimos que era la voluntad de Dios; entonces, aceptamos. Sinceramente, no pensamos que tendría gran repercusión, ya que habían pasado casi dos años y medio desde el accidente. No creíamos que nuestra historia fuera lo suficientemente importante para las noticias nacionales, pero resultó ser que Tom sabía de qué estaba hablando. Apenas se conoció en toda la nación, nuestras vidas cambiaron por completo. Sin embargo, no había nadie mejor preparado para enfrentar el cambio que nosotros.

Cada día, recibíamos más llamados, hasta que el teléfono llegó a sonar apenas lo colgábamos. El día anterior a nuestra boda, salió un reportaje especial sobre nosotros en el periódico *Los Angeles Times*. Y esa noche, hasta Jay Leno nos mencionó en su monólogo de apertura en el programa *The Tonight Show*.

Hablamos con todos los periodistas que pudimos durante nuestro segundo «compromiso», pero fue abrumador. Debimos tomar algunas decisiones, porque no solo teníamos que resolver cómo responder a las distintas solicitudes de cobertura mediática para la boda, sino también *planear* el casamiento. Todo el mundo sabe que lleva tiempo coordinar una boda, y la avalancha de los medios consumía todo el nuestro.

Al final, decidimos darle al programa *Inside Edition* los derechos exclusivos de video para cubrir la ceremonia. A cambio, nos habían ofrecido pagar por la boda y la luna de miel. Aunque por fin habíamos resuelto nuestra situación con la compañía de seguros, todavía estábamos ajustados con el dinero, así que, esa oferta nos pareció la opción más sabia.

Aunque *Inside Edition* tenía el derecho exclusivo para la ceremonia, no era lo único que cubrirían. Querían hablar de nuestra historia varias semanas antes de la boda, para despertar el interés de los televidentes. Enviaron un reportero con su equipo a nuestra casa en Las Vegas, y se instalaron en la sala de estar. Nos filmaron mientras mirábamos el video de nuestra primera boda, y mientras Krickitt miraba fotografías y otros recuerdos de un día que ya no recordaba.

En la pequeña iglesia de troncos de Pendaries no había una habitación para que la novia se cambiara, así que, los Pappas habían llevado su casa rodante para que Krickitt se preparara allí. Fieles a su nombre, los de *Inside Edition* [Edición interna] estuvieron allí con ella, estrujados entre las damas de honor y todos los demás, y hablaron con Krickitt sobre su vestido, lo que sentía y todo lo que sucede en el gran día de una novia.

Aunque *Inside Edition* tenía los derechos exclusivos de video dentro de la boda, había muchísimos más afuera. Entre los que esperaban captar un vistazo de los novios en la iglesia, se encontraban un fotógrafo del *London Times* y otro de la revista *People*.

Habíamos intentado mantener en secreto el destino de nuestra luna de miel, pero escuchamos un rumor de que un programa llamado *Hard Copy* se había enterado de que iríamos a Hawai, y nos esperaría un equipo televisivo en el aeropuerto de Honolulu. Aunque deseábamos comunicar nuestra historia, no nos gustó la idea. No queríamos compartir la luna de miel con nadie, y menos con un programa de televisión. Así que, llamé al aeropuerto de Honolulu y expliqué la situación. No había nadie esperando cuando llegamos.

El personal del hotel en Maui tenía órdenes estrictas de mantener en secreto nuestra presencia. Nos registramos con seudónimos, para que nadie tuviera que mentir al decir que no había ningún Sr. y Sra. Carpenter registrados en el hotel. Sin embargo, una estación de radio de California supuso que pasaríamos nuestra segunda luna de miel en la misma isla que en la primera, así que, comenzaron a llamar a todos los hoteles de Maui intentando encontrarnos. Cuando solo les faltaba llamar a dos lugares, nos hallaron... a las cuatro de la mañana, hora de Hawai. Sin duda, no era lo ideal, pero hablamos con ellos. Nunca escuché esa entrevista, pero estoy seguro de que no fue la mejor que hicimos.

El segundo programa especial de *Inside Edition* sobre nosotros salió al aire mientras estábamos en Hawai. Como resultado, la gente comenzó a identificarnos en las calles de Maui. «Oigan, ¿no estuvieron en televisión ayer?» Hasta ahí llegó el anonimato. Estábamos a miles de kilómetros de casa y la gente nos reconocía. Era un tanto surrealista.

Cuando llegamos al aeropuerto internacional de Los Angeles, en una escala camino a casa, nos sorprendimos al ver nuestros rostros en la revista *Star*. No sabíamos que habían estado en la boda, pero pronto nos dimos cuenta de quiénes de los presentes ese día habían informado la historia y habían sacado fotos para ellos. Durante la ceremonia, un extraño particularmente molesto se la pasó rondando por el frente de la iglesia, cerca de nuestra cámara familiar y la de *Inside Edition*. Habíamos intentado vigilarlo y le pedimos a uno de los ujieres que no lo dejara entrar, pero al final, teníamos demasiado entre manos como para preocuparnos por él. Gracias a nuestra falta de atención, ahora éramos las estrellas de los tabloides del supermercado.

Cuando llegamos a Las Vegas, nos inundaron las solicitudes y las invitaciones de distintos programas de televisión.

Queríamos aceptar la mayor cantidad posible de ofertas, lo cual significaba más locura para nuestra vida. Para los primeros programas, vinieron a entrevistarnos a Nuevo México. Pronto, recibimos invitaciones para ir a Nueva York y Los Angeles, para que los conductores nos entrevistaran en persona. Además del viaje misionero de Krickitt a Hungría, ninguno de los dos había viajado mucho, así que, era una nueva experiencia. A veces, íbamos a dos o tres lugares distintos en la misma semana. Mientras estábamos en Seattle para aparecer en un programa, unos turistas japoneses se nos acercaron afuera del estudio. Al parecer, nuestra historia se había hecho global; nos habían visto por televisión en su país. Además, nos enteramos de que habíamos salido en un programa de televisión en Alemania.

Tuvimos la suerte de hacer varias entrevistas con personas famosas, y disfrutamos de conocerlas en forma más personal. Fue interesante ver cómo eran fuera de cámara.

Una de las más memorables fue con Sally Jesse Raphael. Sus productores nos invitaron al programa porque Sally tenía un hijo con daño cerebral causado por un accidente en motocicleta. Para ella, nuestra historia era una forma de ayudar a educar al público sobre los efectos devastadores de esas heridas. Por más trágico que fuera, su experiencia nos proporcionó una comprensión mutua de cómo puede cambiar la vida una herida en la cabeza. Pudo hablar con nosotros con mayor profundidad porque sabía de primera mano lo que estábamos experimentando, y viceversa. Gracias a este vínculo, pudo entrevistarnos con mayor perspicacia y sensibilidad.

También nos invitaron al programa de Oprah. Pudimos hablar de nuestra fe a la audiencia, lo cual nos permitió alcanzar a más gente que nunca. Además, estuvimos en *Leeza*, el programa de entrevistas de Leeza Gibbons, y nos pareció una dama verdaderamente elegante y refinada. Nos entrevistó Anne Curry en *Dateline*, y Maury Povich y Montel Williams nos invitaron a sus programas.

Aunque durante el resto de 1996 pasamos mucho tiempo realizando programas de televisión, también nos dedicamos a las entrevistas con periódicos y revistas. Se publicaron artículos importantes sobre nosotros en *McCall's* («*The Wife Who Forgot She Was Married*» [La esposa que olvidó que estaba casada]), y en *Reader's Digest* («*For Better, For Worse*» [En prosperidad, en adversidad]), entre otros.

Durante nuestros viajes, nos llevaron a los mejores restaurantes, íbamos en limusina con chofer para todos lados, y nos trataban como a celebridades. Sin embargo, lo mejor fue que al probar el mundo del espectáculo, pudimos reafirmar lo que era verdaderamente importante para nosotros en la vida. Sin importar la atención que nos dieron, las cámaras y la fama no nos cambiaron. Éramos dos personas que intentábamos resolver la vida juntos, cumplir nuestras promesas mutuas y asegurarnos de que Dios estuviera en medio de todo.

También obtuvimos el maravilloso apoyo de los medios cristianos. James Dobson, de *Focus on the Family* [Enfoque a la familia], escribió sobre nosotros en su boletín *Family News* [Noticias familiares] en junio de 1997:

En esta época en que la cultura nos enseña a desertar frente al primer indicio de frustración o dolor, es inspirador ver a esta joven pareja esforzarse por recapturar lo que perdió y permanecer comprometida aun frente a la tragedia. Espero que su ejemplo sea relevante para muchos de mis lectores que han perdido la pasión en sus matrimonios... no como resultado de una lesión cerebral, sino por cualquier otra razón. Quizás la decisión de Kim de volver a ganarse el afecto de Krickitt sea de especial ayuda para los que han perdido la «memoria» del amor. Si has estado considerando el divorcio, ¿no sería acaso mejor comenzar a cortejar a tu cónyuge otra vez e intentar reconstruir el matrimonio desde los cimientos? Nunca es fácil, y seguramente Kim y Krickitt no han enfrentado aún sus últimos desafíos. Pero es lo correcto y, al fin y al cabo, es la respuesta más gratificante para los cónyuges que se han distanciado. Y sin duda, es lo mejor para los hijos.

Déjenme terminar con un consejo para los jóvenes que se unirán en matrimonio este verano [...]. Los aliento a entrar al matrimonio con un compromiso inconmovible de casarse para toda la vida. Que nada más que la muerte pueda separar lo que va a consumarse. Cuando lleguen los momentos difíciles (pueden estar seguros de que llegarán), espero que recuerden la historia de Kim y Krickitt, que están capeando juntos la tormenta... tomados de la mano y del alma. Ese es el plan de Dios para la familia... y para tu familia.

Un año y medio después de nuestra segunda boda, nos sorprendió aparecer en la historia de tapa de la edición de noviembre/diciembre de 1997 de la revista *Christian Reader*. Poco después, comenzamos con nuestro primer libro, *The Vow: The Kim and Krickitt Carpenter Story* [Votos de amor: la historia de Kim y Krickitt Carpenter], que publicaría Broadman & Holman Publishers en el año 2000.

En medio del furor mediático que rodeó nuestra segunda boda, Hollywood llamó a nuestra puerta. Tom Colbert, que nos había ayudado en la relación con los medios desde el principio, nos guió a través del laberinto de la industria cinematográfica. Varios estudios querían comprar los derechos de nuestra historia.

Luego de mucha oración, decidimos aceptar la propuesta de Paul Taublieb, de *LXD Productions*. De todas las personas con quienes hablamos, Paul era el que mejor comprendía lo que habíamos pasado y lo que queríamos que lograra una película sobre nosotros. Al final, él nos conectó con Roger Birnbaum y *Caravan Pictures*, que ahora se llama *Spyglass Entertainment*.

Luego de firmar los derechos en 1996, oramos durante muchos años sobre el momento y la posibilidad de que saliera la película. Catorce años más tarde, nos dijeron que el proyecto se materializaría. *The Vow* [Votos de amor], protagonizada por Rachel McAdams y Channing Tatum, saldrá en Estados Unidos y otros países en febrero de 2012. *Sony Screen Gems* se encargará de su comercialización y distribución.

Nos invitaron a visitar el plató durante la filmación, y tuvimos la oportunidad de pasar tiempo con Rachel y Channing. Disfrutamos muchísimo la experiencia. Cuatro meses luego de la filmación, viajamos a California a mirar la película inspirada en sucesos de nuestras vidas. Aunque se hicieron muchos cambios, como suele suceder cuando se adaptan hechos reales a la pantalla grande, el armazón básico estaba intacto, y nos pareció una excelente representación del mensaje de nuestra historia. Hasta lloré mientras miraba la película.

Sabemos que cerca del estreno, tendremos muchas entrevistas. Anhelamos ver cómo nuestra historia sigue inspirando y bendiciendo a muchos. Dios es la verdadera estrella de nuestra historia, pero ha sido increíble ver cómo nos ha usado para impactar tantas vidas.

Cuando nuestra historia captó la atención nacional del periódico *Los Angeles Times* y de *Inside Edition* en la primavera de 1996, muchos en el negocio de los medios nos aconsejaron que aprovecháramos cada oportunidad para contarla, porque pronto ya no seríamos la novedad y nadie querría invitarnos.

No podrían haber estado más equivocados. Aquí estamos, 16 años más tarde, y millones de personas en todo el mundo verán una película inspirada en los sucesos que nos cambiaron la vida para siempre.

Además, nunca pedimos aparecer en televisión ni que nos entrevistaran, pero incluso antes de que se anunciara la producción de la película, representantes de los medios nos contactaban de vez en cuando. La gente parece no cansarse de esta historia, y nosotros vamos con gusto a cualquier parte a contarla. Por la publicidad a través de los años, también tuvimos que ir a hablar con Krickitt a iglesias, grupos de enriquecimiento matrimonial, y toda clase de audiencias. Ninguno de los dos tenía mucha experiencia en oratoria pública cuando comenzamos, pero quisimos hacerlo para hablar de la obra del Señor en nuestras vidas. Él respondió nuestras oraciones y mantuvo viva nuestra historia.

# 9 UNA FAMILIA DE ESPERANZA

En el verano de 1998, Krickitt y yo nos mudamos a Farmington, mi ciudad natal, en Nuevo México, cerca de Four Corners. Aun antes de terminar de desempacar, llegaron reporteros de la televisión a nuestra casa. Sobre el fin de semana, salió una foto de nosotros en la sección de noticias locales del *Farmington Daily Times*, bajo el título: «*Carpenters Keeping 'The Vow': Famous Couple Moves to Town as World Watches*» [Los Carpenter mantienen sus «votos de amor»: Pareja famosa se muda mientras el mundo observa], y una nota al margen que avisaba: «La pareja aparecerá en el programa *Dateline* el lunes».

Allí comencé a trabajar como administrador de un convenio entre la Universidad Highlands de Nuevo México y el colegio comunitario local, que les permitía a residentes de Farmington realizar cursos suplementarios de Highlands. Aunque era bastante diferente de mi trabajo como entrenador de béisbol, me gustó seguir trabajando para la universidad.

Krickitt empezó a trabajar a medio tiempo como auxiliar gimnástica en el centro deportivo de la Universidad de San Juan, que era abierto a la comunidad. Luego de varios meses, decidió aceptar un desafío más grande. Comenzó a enseñar como suplente en la escuela secundaria *Kirtland Central High School*, y terminó trabajando allí casi a tiempo completo.

Cuando terminaron las clases y llegó el verano, se anotó como voluntaria en el Centro Médico Regional San Juan, en el área de rehabilitación cardiopulmonar. Le encantaba el desafío de trabajar con los pacientes allí. Al mes, el hospital la contrató como asistente en el ascendente programa de rehabilitación.

En 1999, volvimos al programa televisivo *Leeza* e hicimos un gran anuncio: ¡Estábamos esperando un bebé! Leeza se alegró muchísimo por nosotros, y la máquina mediática comenzó a trabajar a toda velocidad otra vez. En ese momento, los dos teníamos trabajos, realizábamos entrevistas y hablábamos en eventos públicos tanto como podíamos. Hubiera sido una vida ajetreada para cualquiera, pero a eso se le sumaba el embarazo de Krickitt y la tensión de saber que los medios querrían cubrir el nacimiento de nuestro bebé, así que, estábamos exhaustos cuando llegó la fecha de parto.

El 3 de mayo de 2000, nació Danny James Carpenter en el Centro Médico Regional San Juan. Lo recibieron familiares, amigos y una multitud de representantes de los medios. Antes del nacimiento, me reuní con el personal del hospital para diseñar un plan de seguridad. Todos nos apoyaron muchísimo durante y luego del parto. Fue un placer relacionarnos con ellos, y me impresionó cuánto se preocuparon por nuestra comodidad y privacidad durante la internación.

A las cinco semanas de vida, Danny había aparecido en *The Today Show*, *Dateline*, *NBC*, *Fox News*, *MSNBC*, y otros programas de televisión. La revista *People* también anunció su nacimiento. Además, lo malcriaron personas de la talla de Leeza Gibbons y Ann Curry, con quienes se creó una verdadera amistad con el correr de los años, y nos enviaron regalos y flores al enterarse de su nacimiento.

Krickitt y yo teníamos sentimientos encontrados sobre las entrevistas tan inmediatas al nacimiento de nuestro hijo. Nos preocupaba su bienestar, pero también sentimos que Dios nos había dado otra oportunidad, no solo de compartir nuestra historia, sino también de proporcionar estímulo y esperanza a gente que pasaba por desafíos personales.

El pequeño Danny le dio la bienvenida al mundo a su hermanita LeeAnn Marie en junio de 2003. La llamamos así en honor a nuestras amigas Leeza Gibbons y Anne Curry, así como a la mamá de Krickitt, Mary. Danny y LeeAnn son un recordatorio firme de que tomamos la decisión correcta al permanecer juntos durante nuestra tragedia. Si no lo hubiéramos hecho, nuestros hijos jamás habrían nacido.

Casi dos meses después del nacimiento de LeeAnn, una herida en la cabeza volvió a estremecer nuestras vidas. Como la mayoría de los padres sabe, perder de vista a un niño pequeño aunque sea por un segundo puede llevar a un accidente, y lo experimentamos de primera mano. Durante uno de esos breves descuidos en la supervisión, nuestra bebé se cayó y se golpeó la cabeza.

No podía creer que por segunda vez, una chica que amaba más que a mi vida tenía una hemorragia cerebral y debía ser transportada en helicóptero a la unidad de cuidados intensivos en Albuquerque. A diferencia de la experiencia con Krickitt, me permitieron ir en la ambulancia aérea con LeeAnn. Luego de despedirme de Krickitt y abordar la aeronave, observé con angustia a mi niñita con una herida grave y pensé que este accidente no había sido causado por otra persona. No podía culpar a nadie más que a sus padres. Nos descuidamos un momento con la niña suelta en su cochecito, y ahora estaba al borde de un daño cerebral permanente, o incluso la muerte. Me abrumaban el temor, la culpa y la angustia mientras sobrevolábamos el paisaje de Nuevo México hacia Albuquerque.

Media hora de agonía después, aterrizamos y nos trasladaron a toda velocidad a la unidad pediátrica de cuidados intensivos en el hospital *Presbyterian Hospital*. Tuve una espantosa sensación de *déjà vu* mientras veía cómo le realizaban a mi hija muchos de los mismos estudios que su madre había experimentado casi diez años antes. Al menos, esta vez tenía una idea más acertada de lo que sucedía y sabía para qué servían los monitores y los exámenes.

Durante las primeras cinco horas luego del accidente de LeeAnn, estuve prácticamente solo entre extraños. Así como me había quedado atrás mientras trasladaban a Krickitt para salvar su vida, mi esposa ahora había hecho lo mismo, y tuvo que conducir en medio de la noche a Albuquerque. No estaba herida como yo esa primera vez, pero sé que sintió el mismo temor que yo aquella noche hace tantos años. Cuando llegó al hospital a las tres de la mañana, luego de conducir tres horas, de inmediato le dije cuánto lo sentía.

Más tarde esa mañana, nos informaron que la hemorragia en el cerebro de LeeAnn se había detenido y que el pronóstico era bastante bueno. Dormía mucho, como Krickitt al principio, pero no llegó a estar en coma. La primera vez que abrió los ojos, me alivió ver vida en ellos en lugar de la expresión vacía y fría de Krickitt cuando abrió los ojos después de su accidente.

Poco después, pudimos llevar a nuestra niña a casa, y se recuperó rápidamente. A mí me costó mucho más superar mis sentimientos de culpa y la pesadilla que reviví durante esas primeras horas. Por fortuna, LeeAnn no tuvo efectos secundarios duraderos del accidente.

Como era de esperar, Danny es una superestrella del béisbol, ya a los once años. Comenzó a jugar a los tres años, y no pude resistir volver a entrenar, aunque en un nivel bastante distinto que antes. El equipo de Danny, el *Farmington Fuel*, llegó a la *American Amateur Baseball Congress World Series* [mundial estadounidense de béisbol amateur] cuatro años seguidos. Estoy sumamente orgulloso de mi hijo y de su equipo por llegar tan lejos apoyados solo en su desempeño, no en la cantidad de dinero que se paga para jugar, como sucede en muchas organizaciones.

Danny también lucha y juega al fútbol americano, al básquet y al golf. Tiene muchísimo potencial atlético, y Krickitt y yo ansiamos ver hasta dónde llegará con sus capacidades. Sin duda, sigue nuestros pasos, y espero que se parezca más a su mamá, porque tiene una mejor ética de trabajo que yo.

LeeAnn se parece mucho a su madre. Te envuelve en conversaciones interminables. Es vivaz y afectuosa, y ama a todo el mundo. Es conmovedor ver cómo nuestra pequeña se preocupa por sus compañeros de escuela y ora por ellos cuando están enfermos.

También le gustan las manualidades, escribir y leer. Es más, durante su primer año de escuela primaria, leyó más de 300 libros. Al igual que todos nosotros, a LeeAnn le encantan los deportes, y queremos ver cuáles elegirá practicar a futuro. Ahora juega al *softball* y al básquet, y le gusta bailar. Hace poco, decidió que quiere luchar como su hermano. También empezó a estudiar canto y le gusta mucho Taylor Swift.

Aunque pasaron años desde el accidente, Krickitt sigue mejorando mentalmente. Es divertido verla descubrir cosas nuevas y darse cuenta de cuestiones que antes no percibía. Sin embargo, el que la conoce hoy no tiene idea de que tuvo una lesión cerebral severa, a menos que conozca nuestra historia.

Luego del nacimiento de Danny, Krickitt dejó de enseñar y se quedó en casa a cuidar a nuestra pequeña familia. Cuando los niños empezaron la escuela, retomó las suplencias en el liceo de Farmington y sigue allí hasta hoy.

En lo que a mí respecta, luego de 18 años en la enseñaza superior, pasé al sector público. Desde 2005, trabajo para el condado de San Juan, y en agosto de 2011, me nombraron director ejecutivo. Trabajo junto a muchos líderes cristianos, y disfruto del trabajo en equipo y de la responsabilidad que caracterizan mi tarea. También soy el presidente entrante de la Serie Mundial Connie Mack, un torneo amateur de béisbol.

Hace mucho tiempo, decidí que quería aprovechar la vida al máximo. Quería intentar hacer todo al menos una vez, y luego volver para disfrutar más de mis cosas preferidas. Después de muchas actividades emocionantes (entre ellas, obtuve mi certificación de buceo y mi licencia de piloto), siento que he vivido de verdad.

Disfrutamos de pasar tiempo en familia. Además de hacer deportes, nos gusta volar nuestro avión a control remoto y jugar con nuestras mascotas: cuatro perros, un gato, un hámster, una ardilla listada que hizo su hogar en nuestro patio y un sapo acuático de un solo ojo.

Todavía vivimos en Farmington, donde ahora también nos acompañan nuestros padres. Mi hermano mellizo y su familia también se mudaron aquí. Ha sido maravilloso que nuestros hijos crezcan rodeados de tanta familia. Mi único deseo sería que mi hermano mayor se mudara de regreso aquí, para que la familia Carpenter volviera a estar reunida.

En la dura prueba con Krickitt, comprendimos la importancia de los fuertes lazos familiares, y nos alegra que nuestros hijos conozcan y amen a sus otros parientes cercanos.

Aunque Krickitt jamás recuperó la memoria de cuando nos conocimos, de nuestro noviazgo ni de la (primera) boda, hoy nuestra vida no podría ser mejor. Después de todo lo que soportamos durante el tiempo de prueba y tribulación, sabemos que el dolor no se terminó allí. Así es la vida. No obstante, sabemos valorar y dar gracias por lo que Dios nos ha dado. Sin duda, hemos sido bendecidos.

Ya pasaron 18 años desde el accidente, pero todos los días algo nos lo recuerda. A diferencia de los primeros años de prueba, nuestros recuerdos ya no nos producen inseguridad, temor ni enojo, sino que nos han dado una razón de ser. Dios nos concedió la increíble oportunidad de alcanzar a otros. No dejamos de hablar de nuestra experiencia, y a veces nos llama alguien que leyó o escuchó sobre nuestra historia. De tanto en tanto, también nos llaman personas cuyos seres queridos sufrieron hechos traumáticos, y necesitan apoyo y aliento. Aunque nos resulta difícil porque conocemos el horror de lo que atraviesa una persona en esa situación, sabemos que acompañar al que sufre hoy lo que nosotros alguna vez sufrimos es una manera de retribuir por lo vivido y de encontrarle sentido a lo que nos sucedió.

Un buen amigo mío, el compositor Billy Simon, escribió la letra de una canción titulada: «*A Man You Would Write About*» [Un hombre sobre quién escribir], que grabó el grupo cristiano *4Him*. Allí expresa su deseo de tener una vida digna de ser registrada en un libro, y que mil años después, la gente quiera seguir leyéndolo. Para mí, esa sería la recompensa suprema: vivir con semejante fe que las personas quieran leer sobre mi vida dentro de mil años. Sin embargo, la recompensa no es el reconocimiento, sino tener el medio para bendecir e inspirar a otros a vivir aprovechando al máximo cada momento.

Un publicista me dijo una vez que estimaba que nos había visto u oído un promedio de 600 millones de personas en todo el mundo. Eso es el doble de la población de Estados Unidos. Pero aunque tuvimos la maravillosa oportunidad de alentar a muchos, las dos personas a quienes más quiero inspirar son nuestros hijos. No veo la hora de que puedan leer este libro y comprender todo lo que pasamos con su madre. Creo que compartir las experiencias de vida y aprender de ellas establece un fuerte cimiento familiar. Y este se fortalece aun más si Dios está en el medio.

Mi padre me dijo una vez: «Dales a los demás lo que recibiste». Ese ha sido mi objetivo, y la mayor bendición ha sido ver cómo mis hijos dan a los demás antes de preocuparse por sus propios deseos. He visto a mi pequeña donar todo el dinero de su alcancía a una radio cristiana que comparte la Palabra de Dios, y a mi hijo, defender a los débiles y pagarlo caro frente a un bravucón. Los he visto a los dos entregar uno de sus juguetes favoritos a un niño que no tenía ninguno. No dejan de sorprenderme y siempre ponen primero a los demás al dar, orar y acercarse al que no tiene amigos.

A medida que mis hijos crecen, oro continuamente para que con Krickitt podamos criarlos como Dios quiere. Vemos que una de las mejores cosas que podemos hacer por ellos es dar un buen ejemplo. ¿Lo logramos siempre? No. Sé que tengo mucho que cambiar. Es cierto, a veces no he cumplido mi voto de respetar a Krickitt. De vez en cuando, le grito y me siento mal por eso. Pero sé que mis convicciones seguirán recordándome lo que necesito cambiar; y con la ayuda de Dios, damos lo mejor de nosotros y nos regocijamos al ver que Danny y LeeAnn toman buenas decisiones.

En nuestra familia, nos regimos por tres principios. El primero es «haz lo correcto». Si te encuentras con uno de mis hijos y le dices «Recuerda...», te responderá «haz lo correcto». Nuestro segundo principio: «es importante esforzarse todo lo posible». Hemos aprendido el valor de la vida, así que, mientras estemos aquí, tenemos que vivir al máximo. Y el tercero es: «Tengo grietas, pero juntos las llenamos».

Piénsalo un momento. Todos tenemos puntos fuertes y débiles, pero juntos llenamos las grietas mutuas. Si trabajamos en conjunto y nos complementamos supliendo las deficiencias del otro, podemos lograr nuestros sueños tomados de la mano. Creo que mientras mi familia viva según estas máximas, podremos dar a los demás lo que nos ha sido dado.

Jesús afirmó: «*Hay más dicha en dar que en recibir*» (Hechos 20:35). Lo creo de todo corazón. Pero también creo que para dar de verdad, hay que saber lo que es recibir también de verdad. Si te golpea la tragedia, como nos sucedió a nosotros, no te aísles del mundo, sino pide ayuda a tus amigos, a tus familiares y a Dios. Entonces, sabrás qué es recibir, y como resultado, aprenderás a dar a los demás.

No creía que fuera posible, pero hoy amo más a Krickitt que el día que nos casamos por primera vez. Es una mujer absolutamente increíble. Me cuesta imaginar la fe que habrá necesitado para creer al fin lo que todos afirmaban: que estaba casada conmigo. «Dios quería que estuviera casada con este hombre —aseveró—. Todos afirmaban que lo estaba, y un día, al mirarme al espejo, el Señor me convenció de que era verdad. Cuando me casé con Kim, confiaba en Dios, así que, sabía que tenía que conocer a este hombre. No contemplo lo que perdí. Los medios lo hacen, pero no quiero vivir así. Tengo los ojos puestos arriba».

Krickitt y yo recibimos una segunda oportunidad de una vida juntos, y jamás daremos por sentado al otro ni nuestro matrimonio. Tuvimos dos bodas y los anillos correspondientes, y también celebramos dos aniversarios todos los años. Los dos días marcan comienzos nuevos para nosotros. No nos afligimos por los tiempos malos, sino que miramos adelante las maravillas que sabemos que Dios prepara para nosotros. Krickitt jamás recordará haberse enamorado de mí, nuestro noviazgo ni nuestra primera boda, pero afirma que lo que sintió como novia la segunda vez fue un amor más profundo que el que la mayoría de las esposas experimentan en toda una vida. Nuestras experiencias únicas, por más terribles que hayan sido en su momento, crearon un lazo inquebrantable entre nosotros.

Nuestra historia ha seguido viva todo este tiempo porque habla de la esperanza, algo que siempre escasea y que tiene una gran demanda. Habría sido fácil que cualquiera de nosotros se diera por vencido durante los años largos y a veces oscuros que siguieron al accidente, pero con la ayuda de Dios, no lo hicimos. A menudo, pienso en la historia de Job que leímos con Krickitt la primera vez que nos encontramos. Muchas veces, me identifiqué por completo con este pobre siervo que pasó de una vida de plenitud y felicidad al pozo de la desesperación. No obstante, el Señor lo sacó adelante y, con el tiempo, lo cubrió con muchas más riquezas de las que había perdido. No creo que pudiera soportar las pruebas que Job enfrentó, pero pienso que tengo alguna idea de lo que atravesó, y mi vida muestra un milagro similar.

No soy ningún héroe. Me he equivocado como cualquiera, y no sería el que soy hoy sin mi fe y mi confianza en Dios. Esta historia no se trata de mí ni de Krickitt, sino del Señor, y de cómo Él nos sacó de una situación terrible a una vida más maravillosa de lo que imaginamos jamás. Se trata del compromiso con Él, pero también entre nosotros.

Este libro llega a su fin, pero nuestras vidas continúan. Cuando lo cierres, quiero que recuerdes que en la vida enfrentarás momentos sumamente difíciles, pero podrás encontrar fortaleza en Dios. Si te falta algo, busca al Señor. Si alguna vez Él estuvo en tu vida y ahora parece distante, ¿adivina quién se alejó? Dios sigue allí; solamente acude a Él. Te ama con amor eterno, y si lo obedeces, cualquier compromiso puede ser duradero.

Hicimos un voto.

# RECONOCIMIENTOS

### De Kim

A veces, la vida trae adversidad, y cuando esta llega, surge fortaleza de nuestra fe en Dios y de los familiares y amigos que nos confieren la estabilidad que solo puede venir de su amor y apoyo. Quiero agradecer a mis padres, Danny y «Moose», por enseñarme la disciplina de vivir responsablemente durante la época más difícil de nuestra vida. Kelly y Kirk, espero seguir compartiendo tiempo juntos y envejecer a su lado, tal como crecimos. Doy gracias por las mujeres detrás de mis hermanos: son una verdadera bendición, no solo para ellos, sino también para toda la familia Carpenter. Y Krickitt, eres mi roca; has estado en las buenas y en las malas, y me has atajado al caer.

Damos gracias a los doctores, enfermeras, paramédicos y todas las personas que nos ayudaron en la prueba: siempre tendrán un lugar especial en nuestros recuerdos. A mis amigos y colegas: estuvieron a nuestro lado siempre y ha sido un gran gozo saber que contamos con ustedes.

Por último, Danny y LeeAnn, son la alegría de mi vida. Me llena el corazón saber que no solo continuarán nuestro legado, sino que también serán una bendición para muchos. Busquen sus sueños y ayuden a otros en el camino.

Los amo a todos, me hacen sentir completo.

—Kim Carpenter

### De Krickitt

La vida es un regalo del Señor y Él es nuestro refugio y nuestra fortaleza en la prosperidad y la adversidad, en enfermedad y salud. Nos bendijo al crear a las personas que cumplieron un papel esencial en nuestras vidas.

A mis padres Gus y Mary Pappas, gracias desde lo más profundo de mi corazón por el infinito amor, el apoyo y el aliento que siempre me brindaron. En más de 50 años de matrimonio, han demostrado lo que significa un voto. A mi hermano Jamey: eres una torre de fortaleza y conocimiento, y un ejemplo sin igual de Cristo. Te amo, «Mamey».

A mis amigas sureñas de California: Megan, Lisa, Katie, Heather y «Stussy». Gracias por ayudarme a aprender lo que significa ser cristiano de verdad y a crecer en mi relación con Cristo. Son mis «amigas hermanas» para siempre. Dolan: siempre seremos compañeras de equipo, y aprecio mucho nuestro tiempo juntas en la universidad. Al deporte de la gimnasia: tú y todos mis entrenadores me enseñaron lo que significa esforzarse, resistir y perseverar en los desafíos más difíciles y en el dolor.

También quiero agradecer a los doctores, las enfermeras, los terapeutas y los consejeros que jugaron un papel vital para salvarme la vida y ayudar a mi recuperación. A todos mis familiares, amigos y a la ciudad de Las Vegas, Nuevo México: ejemplifican el verdadero regalo de la amistad y la generosidad. Por eso, estaré eternamente agradecida.

A mi esposo Kimmer: te amo con amor eterno. El 18 de septiembre de 1993, hice una promesa. Gracias por cumplir tus votos y amarme con amor incondicional, al igual que Jesús. Eres una roca y una persona increíble; un esposo y un padre maravilloso. A mis hijos Danny y LeeAnn: son una preciosa bendición del cielo. Los amo, y mi oración es que sigan al Señor con todo el corazón. Él los ama con amor eterno.

Gracias, Señor Jesús. Eres la razón de mis buenas decisiones y de mi esfuerzo. A ti sea toda la gloria y el honor.

—Krisxan «Krickitt» Pappas Carpenter

«Todo lo puedo en Cristo que me fortalece» (Filipenses 4:13).